공고 출신 고공시를 뚫었다

공부, 혼자서도 할 수 있었다

김종영 지음

그래도 꿈을 포기 할 수 없었다
초등학교 IQ 93
고교 내신 7등급
기초도 없었다
여자도 떠났다
돈도 없었다

도서출판 동녘

2 · 차례

들어가는 말

추천의 글

세상의 모든 시작이 갖는 의미

1부 소중한 꿈

왜 사느냐고 묻는 다면 ---------------- 28
잘되면 네 탓, 안되면 내 탓하라 ---------------- 30
당신의 팔자는 어떠신지요 ---------------- 33
꿈은 위험하다? ---------------- 35
이런 꿈을 꾸어라 ---------------- 37
그들의 꿈을 닮고 싶었다 ---------------- 40
나 자신을 알라! ---------------- 43
꿈은 머리가 아닌 몸으로 꾸는 것 ---------------- 47
때로는 우직함이 필요하다 ---------------- 52

가장 무서운 적은 누구? --------------- 55
하늘도 스스로 돕는 자를 돕더라 --------------- 58
공부, 알고 하면 무지 쉽다 --------------- 60
왜 공부를 해야 하는가? --------------- 64
어차피 공부는 혼자 한다 --------------- 67
영어 - 너무 많이 들었더니 잘 안들리더라? --------------- 72
일본어 - 무에서 유를 창조하다 --------------- 79
암기 - 두뇌는 크고 외울 건 많다 --------------- 84

2부 숲에는 두 개의 길이 있었다

나는 애기 머슴 --------------- 88
어머니, 이름만으로도 슬픈 당신 --------------- 92
비스마르크가 보여준 꿈 --------------- 94
지도책으로 세상을 배우다 --------------- 97
팔자대로 살라던 아버지 --------------- 100
소금 도시락을 추억하며 --------------- 103

4 · 차례

우리집은 늘 IMF시대처럼 살았다 ---------- 105
빛이 있으면 그늘도 있더라 ---------- 108
꼴찌가 아름다운 이유 ---------- 111
냉혹한 현실로 내몰리다 --------------- 113
학교가는 학생들이 부럽던 시절 --------------- 119
첫사랑은 언제나 쉽지 않다 --------------- 122
청운의 꿈을 안고 서울로 --------------- 126
목욕탕에서 운명이 바뀌다 --------------- 128
방황의 끝과 도전 ---------- 131
삭발이 주는 위안 ---------- 134
그러나 잊혀지지 않는다 ---------- 136
외로워도 혼자 가야 할 길 --------------- 139
가까이 하기엔 너무 먼 고시 --------------- 141
실패는 오기라는 자식을 낳는다 --------------- 148
암기는 리듬을 타고 --------------- 153
콧물과 눈물이 범벅 된 95년 외시 --------------- 156
막노동판과 와신상담 --------------- 158

오직 고시뿐이다 ---------- 161
뜻이 있는 곳에 길은 있었다 ---------- 166
늦깎이 고시생은 무엇으로 공부하는가 ---------- 170
돈 이야기 --------------- 176
더 이상 좌절은 없다 --------------- 180
나, 김종영 드디어 합격하다 --------------- 183
그럼에도 불구하고 후회는 남는데 --------------- 186
두 가지 꿈 --------------- 188

3부 지혜로써 인생의 일용할 양식을 삼아라

인생의 한 편의 드라마 --------------- 192
인생의 무게가 느껴질 때 ---------- 195
온고지신, 옛것의 힘 ---------- 198
당신만의 향기가 묻어나는 좌우명이 있는지 --------------- 201
그는 어디서 무엇을 하는가 --------------- 204
불가능에 대해 곰곰히 생각하니 --------------- 207

6 · 차례

착하게 살아야 하는 이유 ---------------- 210
피 보기가 무서웠던 시절 ---------------- 213
출세와 성공을 나누는 큰 차이 ---------- 216
두려움을 뒤집으니 용기가 얼굴을 내민다 ---------- 219
가난은 유전되는가 --------------- 221
가난보다 더 무서운 것이 있다 --------------- 224
스트레스여 가라! --------------- 227
꺾이면서 인생을 배운다 --------------- 230
이런 여자가 좋다 --------------- 234
내가 아는 진정한 사랑 ---------- 237

4부 독자에게 드리는 글

청소년들에게 - 꿈은 책임감을 먹고 큰다 ---------------- 240
실업계 고등학생들에게 - 풍부한 교양은 평생 재산 ---------- 243
취업준비생들에게 - 고개 숙이면 앞을 볼 수가 없다 ------------ 245
신세대 부모님께 - 지나친 기대와 실망이 주는

몇 가지 오류들 --------------- 248
자격증 시험 - 이 시대의 필요충분 조건 --------------- 253
어떤 직업을 선택할 것인가 --------------- 258
열린 교육은 이런게 아닐까 - 이종사촌 누님의 사례 --------------- 262
윗물은 반드시 맑아야 한다 --------------- 267

5부 어쨋든 잘 살아야 한다

나의 주홍글씨 - 학력에 대하여 --------------- 270
우리 시대의 진정한 영웅 --------------- 275
고시병엔 약도 없다? --------------- 279
나를 슬프게 하는 것들 --------------- 283
한국인, 우리들의 일그러진 자화상 --------------- 288
한국 경제, 수술이 필요하다 --------------- 292
IMF시대, 어떻게 살것인가 --------- 297

끝맺는 말

공부, 혼자서도 할 수 있었다

김종영 지음

들어가는 말

 눈을 떴다. 어제의 천장, 어제의 벽, 어제의 하늘이다.
 하지만 난 어제의 내가 아니었다. 삶이 곧 죽음과 통하고 좌절과 고통이 내 말벗이었던 그래서 미소도 슬펐던 내가 아니었다.
 잠시 눈을 감는다. 지난 서른 다섯해가 손에 잡힐 듯 꿈과의 거리에서도 느끼지 못했던 그 거리감으로 나를 휩싼다. 나는 누구인가. 나는 무엇인가... 눈물이 흘렀다. 끝까지, 정말 끝까지 누구에게도 보여 주지 않았던 뜨거운 액체가 눈가를 적시고 귓가를 맴돌다가 어느새 배게를 흥건히 적신다. 내가 느껴졌다. 어제의 내가 아닌, 가난과 불가능의 벽 앞에서 수없이 무릎을 꿇으며 절규하던 내가 아닌 김종영이 나를 웃으며 바라 보고 있었다.

또다른 시작이었다. 아기가 두려움으로 엄마의 자궁에서 빠져 나오듯, 뱀이 허물을 벗듯 새로운 삶을 개척하는 날의 시작이었다. 이것이 바로 나의 모습이었다. 아름답게 긍정하고 인정했다. 그래, 이게 나야, 시작인거야 하고.

사람은 나름대로의 꿈을 가지고 살며, 미래를 바라보지만 살다보면 현실의 숱한 제약속에서 선택의 기로에 직면한다. 하지만 성공보다는 시행착오와 실패를 경험하기 마련이다. 그리고 그 과정에서 뼈아픈 좌절감을 느끼게 된다. 그렇지만, 좌절을 통해 비로소 꿈의 소중함과 성공의 진정한 의미를 깨닫게 되는 것이다. 그게 바로 인생이니까. 그게 바로 삶이란 연극의 줄거리이니까.

한 사람의 평범한 기능공이 꿈을 찾아 나선지 만 9년 아무런 기초도, 정보도, 후원자도, 경제력도 없는 무기력한 상황에서 더군다나 병약했던 내가 오늘까지 달려올 수 있었던 원동력은 무엇이었나.

그것은 무엇보다도 소중한 꿈과 그 꿈을 향한 의지였다. "뜻이 있는 곳에 길이 있다"는 평범한 진리이다. 그 진리를 내 것으로 만들기 위해 뛰어온 아홉 해였다. 그 길은 가시투성이에 자갈밭이었고 때로는 타는 목마름으로 내 의지를 시험하는 두려움의 길이었다.

난 지금 그 길의 끝에 서 있다. 그리고 눈물을 머금고 내가 걸어 왔던 그 길을 두려움없이 돌아 보고 있는 것이다.

1997년 11월 4일 SBS 8시 뉴스, KBS 9시 뉴스, YTN 10시 뉴스 및 11월 5일자 거의 모든 일간 신문에서는 최종 학력이 공고 졸업인 어느 공사장 야간 경비원의 행시합격을 "인간승리"로 다뤘다. 나이 서른을 바라 보던 91년 고등고시에의 도전이라는 일생일대의 모험을 감행했고, 5전 6기끝에 결국 꿈을 이룬 청년으로.

그날 최종 합격 사실을 확인하고, 기자들로부터 인터뷰 요청을 받는 순간 나는 소리없이 외쳤다.

"아! 이제야 기나긴 운명 아닌 운명의 사슬로부터 해방되는구나".

가난과 패배주의적 숙명론에 철저히 속박되어 아무런 목표도 없이 나침반을 잃고 표류하는 배처럼 세상의 험한 파도에 내 몸을 맡겨 버리고 살아온 세월들이 너무도 가슴에 한으로 남아 있었던 것이다.

그렇게 들뜬 하루하루를 보내던 어느날, 동고동락 하던 고시 동기생과 우연히 마주쳤다.

"축하합니다. 잘될 줄 알았어요"

그의 첫 인사였다. 잠시 날 빤히 쳐다보다 서글픈 미소를 짓고는 그는 그대로 비껴갔다.

그런 그의 뒷모습이 쉽게 잊혀지지 않았다.

왜 그의 얼굴이 자꾸 떠오르는지 알 수가 없었다. 그러다 갑자기 뒷통수를 맞은듯 번개처럼 스치는게 있었다. '아! 그래 그 표정' 그 얼굴은 바로 1년 전의 내 얼굴이었다. 합격한 동기생들을 부러운 심정으로 때로는 분노하며 바라 보던 바로 나의 얼굴이었다.

난 그에게 뭔가 해줄 말이 있었다. 그의 지친 어깨를 보면서 초라한 발걸음을 보면서 입에서 맴도는 말들이 있었다.
 하지만 그럴 수가 없었다. 어설픈 조언이 괜한 상처가 될 수도 있다는 걸 알고 있었기 때문이다. 그래서 난 이 글을 썼다.
 고백하건대, 난 평범 아니, 그 이하의 인간이었는지도 모른다. 그런 내가 뼈를 깎는 아픔을 견디며 여러분 앞에 설 수 있었던 그 얘기를 들려 주고 싶었다.
 꿈을 꾸는 사람들, 특히 눈을 뜨며 자신의 꿈을 소중하게 이 세상이란 무대에서 꾸는 아름다운 이들에게 나는 초라한 등대지기가 되고 싶었다.
 나는 문학가도 아니고, 철학자도 아닌지라 글로 옮기는데 한계가 있음을 고백한다. 화려한 문장을 쓸 수도 없고, 심오한 사상을 쓸 수도 없었다. 단지, 내가 겪었던 것들을, 생각한 것들을 정직하고 꾸밈없이 전달해 주고자 노력한 점은 누구에게도 부끄럽지 않게 내 보일 수 있다. 부족한 점이 많더라도 독자 여러분의 이해를 바라며 아낌없는 충고와 조언을 부탁드린다.

추천의 글

　공업고등학교의 교육 과정을 누구보다 잘 아는 나로서는 김종영씨의 고시합격은 대단한 충격이었다. 나 역시 선입견과 편견을 가지고 그를 대했었다. 대학 졸업장이 없다는 점 때문에 나도 한때는 솔직히 그의 지적 능력을 의심했었다. 그러나 지금은 지극히 편협한 생각임을 깨달았다.
　김대중 대통령 당선자는 비록 상업고등학교 출신이지만 엄청난 양의 다양한 독서를 통해 대학을 여러번 졸업한 것과 맞먹는, 각 분야의 전문가가 경탄할 정도의 지식을 가지고 있음은 누구나 아는 사실이다.
　김종영씨도 이미 5전 6기의 고시공부를 통한, 다양하고 폭넓은 시험과목을 섭렵한 자체가 인생 공부, 세상의 이치를 다 알게 한 것이리라. 그것은 소위 일류대학을 수석으로 졸업한 사람 이상의 해박한 지식을 가지고 있다는 것을 의미한다.
　우리 민족은 예로부터 배타성과 획일성이 강한 민족이다. 일부이지만 소위 지성인이라는 사람들일수록 인간적인 면이 부족하고 잔인하다. 즉 사람을 상품적 가치로 보는 경우가 많이 있다. 좀더 사고의 폭을 넓히고 열린 사고로 세상을 바라 봐야 한다.
　세상에는 돈은 많이 있지만, 삶의 의미를 모르는 채 표류하고 정신이 황폐한 이들이 많이 있다. 역시 사람에게는 자신의 적성에 맞는 꿈과 목표가 있어야 설레임과 가벼운 흥분이 생겨 삶의 의욕을 불러 일으키는 것 같다. 이 책은 내용중에 핵심이 되는 것으로 "인생의 행·불행은 미리 예정된 운명이 아닌 내가 선택하고 대처한 대가"라는 말은 참으로 옳은 것 같다.

또 필자는 이 책에서 젊은 시절 방황으로 인한 시간낭비와 너무 늦게 자아에 눈을 뜬 점을 애석해 하고 있지만 그만큼의 방황과 좌절, 시련의 시기는 거름이 되어 좋은 열매가 될 것이다. 좌절과 시련의 공백없이 탄탄대로의 정통코스로 합격을 한 것에 비해 뼈저린 현실 체험을 통한 산지식으로 타인을 좀더 잘 이해하고 포용하는 넉넉함이 있을 것이다.

지금도 어느 깊은 산중에서는 우리나라 최고의 소프라노인 조수미만큼 노래를 잘하는 이가 숨겨져 있을지도 모른다. 세상의 빛이 될 그날을 꿈꾸며…

요즘 들어 일류대학 출신들과 대기업체 사원들이 고시에 도전해 볼까하는 생각을 많이 하고 있다고 한다. 그렇지만 힘든 고행의 길을 떠날 엄두를 내지 못하고 또는 가족이나 배우자가 고통분담을 해야하는 현실 때문에 포기하는 경우도 많다.

김종영씨는 이 '경술의 국치'에 비유되는 IMF시대에 더더욱 필요한 사람, 암울한 현실에 한줄기 비와 같은 사람이다. 그가 바야흐로 지금까지 연마한 지식으로 우리나라의 국제 통상 부분에 많은 활약을 하여 우리나라에 기여하기를 바라며 이 글을 마칠까 한다.

1998년 2월 9일
이강희(전북 김제 만경고등학교 역사교사)

세상의 모든 시작이 갖는 의미

나는 목표가 있는 이방인이었다

 그냥 살다 가는 사람이 있고 존재하다 가는 사람이 있다고 한다. 당신은 어떠한가. 난 이 말을 처음 들었을 때 그 사람의 의도를 잘 몰랐다. 그를 개똥 철학 나부랭이나 지껄이고 다니는 실없는 사람이라고 평소에 단정했기 때문이다. 하지만 세월이 흐르고 나도 얼굴과 어깨에 인생의 무게를 버겁게 느끼는 나이가 되자, 그 참 뜻을 문득 깨달을 수 있게 되었다.
 내가 쉬는 숨 하나, 하는 행동 하나, 말 하나가 의미를 가지기 위해 발버둥치며 살아왔다는 것을 알아 버린 것이다. 여기에 내 얘기를 싣는다. 시작이 갖는 의미를 내게 알게 해 준 그 일들…
 대학 진학의 길이 실제적으로 불가능해지자 나는 무언가 새로운 돌파구를 찾아야겠다고 생각했다. 고졸 학벌에 아무런 배경도 없는 내가 냉엄한 현실의 벽을 넘어 서자면 어떤 비장의 카드가 있어야 한다는 것, 물론 그 비장의 카드는 내 적성에 맞는 것이어야 했다. 나름대로 주위의 이야기도 들으며 내린 결론은 두 가지였다. 하나는 컴퓨터를 배우는 것, 나머지 하나는 외국어를 공부하는 것이었다.

나는 우선 외국어, 그중에서도 영어를 선택하였고, 86년 11월경 외국어 학원에 등록하였다. 나의 출신학교가 인문계가 아니어서 영어 공부를 한다는 것은 실로 오랜만의 일이었다. 해서 그 학원에서 가장 기초과정이라 할 수 있는 기초 3개월 과정에 우선 등록하였다. 그리고 첫수업. 아무리 기초 과정이라고는 하지만 첫날, 첫수업부터 나는 당황하지 않을 수 없었다. 강사의 말을 하나도 알아 들을수 없었고, 마치 내가 지구가 아닌 외계의 어느 별에 뚝 떨어져 있는 느낌이었다.
　나이가 스물하고도 다섯, 그렇지만 그 당시 내 영어 실력은 중학교 2학년보다 못한 것이었다. 등록한 것을 후회하면서 차라리 컴퓨터를 선택할 것을 하는 생각이 물밀 듯이 내 마음을 덮쳤다. 다음날 나는 영어학원에 가야 할지 말아야 할지를 한동안 고민을 하다가 등록비가 아깝다는 생각에 다시 무거운 발걸음을 학원으로 옮겼다. 걸음을 옮기면서 이상하게 야릇한 오기심이 발동하기 시작했다. 까짓것 다 잊어 버렸으면 어때, 배운 것을 평생 기억하는 사람이 몇 있을라구, 하는 생각이었다.
　나는 이왕 이렇게 시작한 영어 공부를 어떤 목표를 세우고 학습을 보다 체계적으로 해야겠다는 결심을 했다. 어떤 일이든지 그 목표가 뚜렷하게 서 있으면 성취욕이 커질 것이었다. 또한 모자란 부분을 점검할 수 있으므로 나는 우선 목표를 설정했다. 그리고 그 목표를 토익에 맞추었다. 토익 점수는 다른 직장에 입사할 때도 효과가 있을 것이고 점수로 나타나기 때문이었다. 내 목표는 850점이었다.
 그러나 어느 정도 영어 공부에 자신감이 붙고 또 학습능률도 막 오를 쯤 나는 학원을 그만두어야 했다. 과도하게 늘어난 업무 때문에 도저히 시간을 낼 수 없었다. 그래서 기초 3개월 과정중 나머지 두 달은 제대로 다닐 수가 없었다. 일을 하는 중간 중간 짬을 내 영어책을 펴기라도 하면 직장 상사들은 곱지 않은 눈초리로 쳐다 보았고, 동료들도 기름밥 먹는 주제에 무슨 영어 공부냐는 시선들이었다.
 하지만 나는 포기 하지 않았다. 아니 포기하지 않은 것이 아니라 오히려 미쳤다는 표현이 나을 것이다. 밥을 먹을때나 버스안에서나 심지어는 화장실을 가면서도 내 귀에는 항상 이어폰이 끼어져 있었다. 영어회화 테잎을 사거나 대여해서 정말 질리도록 듣고 다녔다. 때로는 귀가 몹시 아프기도 했지만 재미가 붙기 시작한 공부를 그만두고 싶지 않았다. 덕분에 실력은 날이 갈수록 향상되었지만 귀가 이상해지기 시작했다. 작은 소리가 들리지 않는 것이었다. 처음에는 집중을 하고 들으면 들렸지만 나중에는 그것마저 잘 안되었다. 가는 귀를 먹어 버린 것이다.
 그러나 나는 포기하지 않았다. 다만 작은 바램이 있다면 테이프를 들으며 독학하는 길이 아닌 정식으로 학원 강의를 듣고 싶었다. 나는 다시 부산에 있는 ELS 외국어학원에 등록했고 전혀 당황하지 않고 수업을 받을 수 있었다. 전보다 훨씬 수준 높은 과정이었지만 아주 쉽게 느껴질 정도였다. 귀 먹은 대가가 있던 것이다. 내가 만약 귀에 이상이 생긴 것을 비관해 영어 공부를 중단했다면 아무것도 이루어 놓지 못했을 것이다. 하지만 하루 하루를 스스로에게 채찍질을 가하듯 공부에 매진을 하였고 그 과정에서 나는 절망에서 벗어나 생애 처음으로 행복할 수 있었다.

영어에 완전히 미치게 되자, 처음부터 적성에 맞지 않았던 회사 일은 더욱 재미가 없어졌다. 그러던 중 마침 88년 7월로 특례 보충역 의무복무 기간이 끝났고 나는 예전보다 훨씬 자유로운 몸이 되었다. 가을이 막바지로 접어들 무렵 나는 사직서를 제출했다. 오랫동안 생각끝에 내린 결론이었지만 후련함보다는 두려움이 앞섰다. 그것은 바로 불확실한 미래 때문이었다.

아무런 보장도 없는 상태에서 그저 새로운 일을 해야겠다는 막연한 생각만이 전부였다. 더군다나 특별한 계획도 없이 그 좋은 직장을 왜 그만두냐는 가족의 만류는 대단했다. 하지만 나는 그런 불확실한 미래에 승부수를 던졌다. 잘못 될 수도 있지만 거꾸로, 잘 될 수도 있었기 때문이었다. 부정보다는 긍정이 선택에 있어선 나은 것이다. 어차피 확률은 50 대 50이니까.

그러나 나는 고민은 깊이 심각하게 하는 편이지만 마음의 결정이 일단 내려지면 흔들림없이 밀고 나가는 성격이었다. 그동안 모은 돈 5백 만원을 들고 나는 바로 다음날 곧바로 서울로 향했다. 서울에서 올림픽의 들뜬 분위기 속에서 나는 완전한 이방인이었다. 하지만 이방인이라고 낯선 환경하에 그저 머무를 수만은 없었다. 88년 10월을 보내고 11월부터 외국어학원에 등록해서 학원에 다니며, 각종 서비스 강좌 등을 모조리 듣고, 외국인 친구를 사귀어 고궁으로 남산으로, 이태원으로 쏘다니며 회화를 익혔다.

때로는 영어 테이프를 듣느라 2호선을 타고 한바퀴를 내내 돈적도 있었다. 89년말까지 그렇게 지낸 결과 89년 10월경에 치른 토익 시험에서 890점을 받았다. 놀라운 결과가 아닌가!

선생님, 선생님은 무슨 대학 나왔어요?

드디어 이정도면 되었다 싶어 몇 군데 무역 회사에 이력서를 내보았다. 비록 외교관은 아니더라도 좁은 울타리를 벗어나 세계 방방곡곡을 누비며 일을 할 수 있다는 생각에 회사 규모는 상관없이 이력서를 보냈다. 하지만 결과는 비참했다.

당시 거의 최고 점수였던 890점은 그야말로 단돈 890원만도 못한 취급을 받았다. 성적은 우수하지만 고졸이라 도저히 채용이 불가능하다는 한결같은 대답만이 돌아왔다. 난 때로 애원도 해보았다.

"형편상 대학 진학이 어려웠을 뿐입니다. 기회만 주신다면 야간 대학이라도 진학할 준비가 되어 있습니다. 제 능력을 믿고 제발 절 채용해 주십시오."

그러나 마찬가지였다. 어떤 이는 '사정이 정 그렇다면 대학을 졸업하고 다시 응시해 보라'고 인정 아닌 인정을 보여

주기도 했다.

　세상은 참 역설적이었다. 돈이 없어 대학을 못 갔으니 돈을 벌면서 대학을 다니겠다는데, 대학 졸업후에 다시 오라니… 참으로 부조리한 말 아닌가. 세상에 무엇이 똑바로 서 있고, 무엇이 올바른 순서인지 궁금했다. 실력이 아무리 좋아도 우리 사회에서는 고졸이라는 딱지는 일종의 '주홍글씨'나 다름없었다.

　그 충격에서 난 쉽게 헤어나지 못했다. 하루 하루 산다는게 지옥이었고 지금까지 초인적인 오기로 버틴 힘이 일시에 빠져 나가는 허탈감을 맛보았다.

　그러던 어느날, 한 친구에게서 전화가 걸려 왔다.

　"건국대 근처에 있는 외국어학원 원장과 친한데, 강사를 구한다기에 너를 추천했어. 내일 아침에 한번 만나 봐라."

　가뭄에 단비를 만난 농부처럼 반가웠다. 망설일 틈도 없이 O.K를 하고는 다음날 면접을 보러 갔다. 구두 시험을 보고 원장은 아주 만족해 하는 웃음을 띄우며 악수를 청했다. 그리고 당장 그날 부터 강의를 맡아 달라고 했다. 취직이 되었다는 기쁨보다 학력을 상관 않고 오로지 내 실력만을 인정해준 원장의 모습이 날 더욱 흥분케 했다.

　내가 맡은 시간은 아침 7시의 직장인 영어회화 기초와 오전 10시의 주부 영어회화 기초반이었다. 월급은 기본급 30만원에 수당이 추가되는 형식이었다.

　남을 가르친다는 것은 결코 쉬운 일은 아니지만 부담감같은 것이 전혀 느껴지질 않았다. 특히 직장인반 영어회화는 오히려 편하기까지 했다. 이유는 꼭두새벽부터 학원에 나와 영어를 배우는 직장인들에게서 묘한 감동을 받았기 때문이었다. 나 또한 직장 생활을 하면서 작은 울타리를 벗어나 좀 더 나은 삶을 살기 위해 학원에 밤 늦도록 다녔고, 강의를 듣는 그들의 눈빛이 바로 그 시절의 나를 닮았기 때문이었다.

처음에는 자신보다 한참 어려 보이는 나한테 강의를 듣는 것을 탐탁치 않게 생각하는 사람들도 있었다. 하지만 살면서 내가 겪었던 시련과 아픔의 순간들을 영어로 이야기 해주면서 우리는 어느새 강사와 학생보다는 형제라는 끈끈한 관계로 발전했다.

그 학원 강사중 박선생과 유난히 잘 통해 친하게 지냈는데 그는 나보다 두 살이 많았지만 인간성이 좋아 어린 나와도 친구처럼 허물없이 지내는 사이가 되었다. 우리는 강의가 끝나면 학원 근처 포장마차에 들러 쓴 소주잔을 기울이며 하루의 고단한 삶을 풀기도 했다.

원장은 미국유학을 마치고 돌아와 지방대학에 출강을 나가는 입장이어서 학원의 모든 대소사를 나와 박 선생이 처리하는 편이었다. 그러다가 서너 달이 지났을 무렵 중·고생을 가르치던 강사가 갑자기 그만두는 일이 생기자, 원장은 나에게 그 반 수업을 주었다. 난 별 생각없이 승락을 했지만, 미처 학생들이 선생님의 학력을 궁금해 할거라는 생각을 하지 못했다.

애들에게 중요한 것은 강사의 실력이 아니라 출신 학교였다. 수업 중간 예기치 못하고 터져 나오는 질문들은 날 너무 당황하게 하는 것들이었다.

"선생님, 선생님은 어느 대학 나왔어요?"

"선생님, 오늘 진도 많이 나갔는데 대학 시절 추억 좀 얘기 해주세요, 네?"

그럴때마다 학력보다는 실력 그리고 어려운 환경에서도 자신의 꿈을 잊지 않고 이루는 것이 중요하다고 얘기했지만 아이들에겐 통하지 않았다. 같은 이야기라도 일류 대학을 나온 사람의 말은 명언이지만, 대학을 못 나온 나같은 이의 얘기는 한낱 '소리'에 지나지 않았다. 슬픈 현실이었고 깨질 수 없는 차돌같은 벽이었다.

누가 한창 자라는, 고정관념이 자리잡기에는 아직 순수하고 깨끗한 저 아이들의 가슴에 저다지도 무섭고 끔찍한 의식을 심어 놓았을까.

학력은 내게 씻을 수 없는 원죄. 그 자체였다. 흑인이 백인이 되려고 자신의 피부를 철수세미로 벗겨 내도 피만 흥건할 뿐 여전히 흑인이라는 원본을 벗어 낼수 없는 잔혹한 사회였다.

난 떠날 수 밖에 없었다. 처음으로 내 실력을 마음껏 펼치고 그 안에서 무한한 행복을 느꼈던 그 곳을 난 떠나지 않으면 안 되었다. 가슴속엔 진흙같은 울분과 절규만이 가득한 채.

마침 원장이 부산에 있는 전문대학에 교수로 임명이 돼 부득이 학원을 내놓게 되었다며 내게 인수할 것을 권했다. 하지만 나이도 어린 내가 그렇게 큰 학원을 떠 맡는 것도 그렇고, 원장인 내가 대학을 못 나왔다면 위신이 서지 않을 것 같아 박 선생에게 그 일을 맡기고 나는 옆에서 돕겠다고 했다.

 유일하게 나를 있는 그대로 인정해주고 받아 주었던 원장의 지방행은 내게는 큰 충격이었다. 상사보다는 친형처럼 절친하게 지냈는데...

 마지막 인사를 하면서 난 그를 똑바로 쳐다 볼 수가 없었다. 얼굴을 들면 금방이라도 눈물이 와락 흐를것 같았다. 목이 메여 말도 제대로 못한 채, 내 평생의 은인을 떠나 보냈다. 진실로 고맙다는 말도 가슴에 묻은 채.

1부

소중한 꿈

왜 사느냐고 묻는다면

잘 되면 네 탓, 안되면 내 탓하라

당신의 팔자는 어떠신지요

꿈은 위험하다?

이런 꿈을 꾸어라

그들의 꿈을 닮고 싶었다

나 자신을 알라!

꿈은 머리가 아닌 몸으로 꾸는 것

때로는 우직함이 필요하다

가장 무서운 적은 누구?

하늘도 스스로 돕는 자를 돕더라

공부, 알고 하면 무지 쉽다

공부 좀 하시죠?

어차피 공부는 혼자서 한다

영어 - 너무 많이 들었더니 잘 안들리더라?

일본어 - 무에서 유를 창조하다

암기 - 두뇌는 크고 외울 건 많다

왜 사느냐고 묻는 다면

　사람들에게 왜 사느냐고 묻는다면, 한마디로 대답할 말이 잘 생각나지 않을 것이다. 설사 대답이 나온다 할지라도 사람마다 제각각 다를 것이다. 한참 연애에 빠진 사람은 "그 사람을 위하여" 산다고 대답할 것이고, 중년의 가장은 "처자식 때문에" 산다고 대답할 것이고 정치인은 진심이든 아니든 "국가와 민족을 위하여" 산다고 대답할 것이다.
　내 생각에 사람은 크게 두가지 때문에 살아 가는 것 같다. 그 하나는 꿈 즉 희망이고, 다른 하나는 소명의식인 것 같다. 알렉산더는 영토를 정복할 때마다 정복 전쟁에서 얻은 모든 전리품을 남김없이 부하들에게 나누어 주었다. 그러자 부하들은 "폐하께서는 어떻게 살아 가실려고 모든 전리품을 나누어 주시는 겁니까?"하고 물었다. 그러자 알렉산더는 "나는 오직 희망만 있으면 된다"라고 대답했다고 한다. 낙천적인 알렉산더는 오로지 희망, 즉 야망 하나로 인생을 살았다고 볼 수 있다.

중국의 사기를 편찬한 사마천이 한나라 무제의 미움을 사 남성을 잘리우는 궁형이라는 치욕을 당하고도 살았던 이유는 선친으로부터 부여 받은 '사기' 편찬이라는 숭고한 소명 때문이었다고 했다.

살기 위해서는, 즉 삶에 의욕을 가지기 위해서는 적어도 이 둘 중 하나는 가져야 한다. 꿈이 있으면 삶에 의욕이 생길 것이다. 그것이 소박한 꿈이든, 세상을 호령하고 싶은 야망이든 관계없이 꿈이 있어야 삶의 의욕이 생긴다. 그러므로 우리는 어떠한 상황속에서도 꿈을 버려선 안 된다. 꿈은 소중한 것이다. 설사 현실이 그대를 속일지라도 꿈을 버리지 말아라, 고이 간직하라. 언젠가 때가 올때까지.

소명 또한 마찬가지이다. 역사와 인류를 위한 거창한 소명 뿐 아니라 가족과 사랑하는 사람을 위한 소박한 소명의식 또한 숭고한 것이다. 그것이 우리의 삶을 지켜주는 지주 역할을 한다는 것은 부정할 수 없는 사실이기도 하다.

잘되면 네 탓, 안되면 내 탓하라

아무리 아름다운 꿈을 가졌다 할지라도 현실속에서 그것을 실현해 나가지 못한다면 아무런 의미가 없다. 현실은 꿈을 실현해가는 무대이다. 따라서 현실을 도피해서는 어떠한 꿈도 이룰 수 없다. 현실이 괴롭다고 그로부터 도피해서 꿈을 이룬다는 것은 마치 배우가 무대를 떠나 허허벌판에서 연기하는 것과 다를바 없다.

현실, 즉 환경은 극복의 대상이지 도피의 대상은 아니다. 오늘의 주어진 환경을 극복하지 못하고서는 그 무엇에서도 성공할 수 없다. 학생들은 때로 공부하기가 죽기만큼 싫을 때도 있고 가출을 하고 싶을 때도 있을 것이다. 하지만 세상 밖에서 기다리고 있는 건 끝없는 타락 뿐이다.

인내심과 도량을 넓혀 세상을 이해하고 참고 견디는 것만이 현실을 이길 수 있는 방법일 것이다. 이렇게 말하는 필자 또한 어릴 적에 가출을 시도해 본 적이 있고 고등학교때는 심각하게 자퇴를 생각해 본 적도 있었다. 그러나 그때마다 가족들의 염려하는 모습들, 특히 어머니의 얼굴이 떠 올라 차마 실행에 옮길 수 없었던 기억들이 있다.

현실이 너무 힘들고 그 곳으로부터 도피하고 싶을 때는 내가 가장 사랑하고 또 나를 가장 사랑하는 사람의 입장이 되어서 다시 한번 생각하라. 그것이 자신을 지켜줄 수 있다.

내가 어려운 환경속에서도 꿈을 버리지 않고 고시에 도전 할 수 있게 한 버나드 쇼의 명언이 있다. 내가 위안을 받았듯이 독자 여러분에게도 어려울 때 힘이 되었으면 해 잠시 적어본다.

People are always blaming their circumstances for what they are. I do not believe in circumstances. The people who get on in their world are the people who get up and look for the circumstances they want and if they can't find them, make them.

사람들은 항상 자신의 초라한 모습을 환경 탓으로 돌린다. 나는 환경따위를 믿지 않는다. 각 분야에서 성공한 사람들은 일어서서 그들이 원하는 환경을 찾고, 찾을 수 없으면 그러한 환경을 스스로 만든 사람들이다.

책에서 이 명언을 읽고 나는 비로소 인간이 환경의 지배만을 받는 수동적인 존재만이 아닌, 환경을 스스로 만들어 나갈 수 있는 즉 조성해 갈 수 있는 능동적 존재임을 깨달게 되었다.

 그와는 반대로 우리의 속담에 "잘 되면 제 탓이요, 못 되면 조상 탓"이란 말이 있듯이 우리는 흔히 잘못된 일을 환경 탓(조상 탓)으로 돌리는 경향이 있다. 그러나 냉정히 생각해 보라. 똑같이 어려운 환경속에서도 일어서는 사람이 있다. 그러면 결국 모든 것은 자신의 탓이 아닌가? 환경을 탓하지 말고, 환경을 극복하라. 여건이 갖추어져 있지 않으면 스스로 그 여건을 만들어라!

당신 팔자는 어떠신지요

　역사적으로 어느 때부터 사주팔자를 우리나라 사람들이 그렇게 신봉하게 되었는지는 잘 모르겠으나, 아마도 사서삼경 중의 하나인 주역이 우리나라에 들어오고 나서부터일 것이다.
　한국 사람처럼 필요에 따라 사주 팔자 탓으로 쉽게 돌려 버리고, 모든 것을 숙명으로 받아들이는 국민은 없을 것이다. 제법 교양있다고 스스로 자부하는 사람들마저, 신상의 중대한 문제에 부딪히면 사주를 따져보고, 궁합을 보고, 길흉을 점치곤 한다. 그러한 사주 팔자 타령은 여성의 경우에 더욱 두드러지게 나타나는 것 같다. "여자 팔자 뒤웅박 팔자"라는 속담이 있듯이 모든 것을 자신의 의지와는 상관없는 타인과 환경의 탓으로 돌리는 수동적인 운명관을 가진 여성이 우리 주위에는 적지 않다.

더욱더 한심한 것은 그런 운명관을 가진 사람이 상황에 따라 필요해지면 곧 바로 페미니스트로 돌변한다는 사실이다. 자신의 운명을 개척하는데 있어서는 팔자 타령을 늘어놓다가, 자신의 편의와 이익을 위해서는 갑자기 여성 해방론자가 되어버리는, 참으로 편리한 사고 체계를 갖춘 사람들이 많다는 말이다.

이것은 순전히 나 김종영의 사견으로 혹, 반박을 하고 싶은 여성이 있을지도 모르겠다. 하지만 잠시 '그럴지도 모르지'라고 인정해 보라. 그리고 주위를 돌아 보라. 그런 여성 또는 남성이 많다는 사실에 다시 한번 놀라게 될 것이다.

운명이란 그 존재를 믿고 주어진 현실적인 삶을 운명으로 받아들이면 그것이 곧바로 운명이 되어버리는, 의식마저 수동화 되어서 그곳에서 탈출할 생각마저 못하게 되는 무서운 것이다. 즉, 운명은 자기 스스로 파놓은 심리적 함정일 뿐이라고 말하고 싶다. 결국 자신의 자유 의지에 의해서 살아가는 사람에게 운명이니, 사주니, 팔자니 하는 것은 있을 수 없다.

오늘 자신의 운명이 불행하다고 생각하는 사람, 현실을 운명으로 생각하는 사람은 하루 속히 내가 무엇을 원하고, 어떻게 살고 싶은지를 깊이 성찰하고 불행한 운명의 터널에서 빠져 나와 행복으로 이르는 길을 닦으라고 말하고 싶다. 행복은 주어지는 경우도 있지만 진정한 행복은 만들어 가는 것이다.

꿈은 위험하다?

운명이란 것이 나를 얼마나 괴롭혀 왔는가. 내 스스로 파 놓은 운명의 함정은 무엇이었는가?

가난에 찌든 나는 수업료를 면제받기 위해 국립학교인 부산 기계공업고등학교에 입학했다. 하지만 입학 후 정부의 교육개혁으로 실업계 특별전형이 없어지고, 내신제도가 도입되었으며 진학지도를 금지시키는 상황속에서 기능공이 되어 취업하는 것을 내 운명으로 받아들여 졸업 후 직장생활의 길로 접어 들었다.

언제나 마음 한구석에 '이것이 아닌데, 하는 생각과 '이것은 내 적성에 맞지 않는데' 하는 생각이 있었지만 어찌할 수 없는 운명으로 받아들이고 살았었다. 하루, 이틀 세월이 가고 점차 철이 들 무렵, 이것은 운명이 아닌 단지 현실일 뿐이라는 생각을 가지게 되었다. 생각이 바뀌자 그러한 현실을 극복하고 새로운 인생을 개척하고 싶었다. 그러나 그것은 결코 쉬운 일이 아니었다.

주변의 동료나 선배, 가족 등에게 그런 이야기를 하면 모두들 "위험한 생각"이라고 했다. 그렇다. 분명 위험한 생각이다. 새로운 길을 개척한다는 것은 분명 위험한 것이다. 하지만 위험하다고 포기할 수는 없었다. 하루 하루를 괴로운 운명의 속박 속에서 살아가느니 위험하지만 새로운 인생을 개척하며 의식의 자유를 즐기며, 내가 하고 싶은 일을 하며 즐거운 삶을 살고 싶었다. 그러나, 구체적인 목표를 찾는 데는 약 5년간의 방황이 더 필요했다. 24살이 되던 86년 가을 그런 생각을 하고, 막연한 상태에서 영어공부를 시작했고 2년 후인 88년 회사를 그만두고 서울에 올라왔다. 하지만 서울에 와서도 적당히 할 일을 찾지 못해 부끄럽게도 무자격 학원강사 등을 하며 방랑생활을 계속했던 것이다. 91년 어느 날, 국가고시 시행공고를 보고 비로소 가슴에 묻어 두었던 외교관의 꿈이 되살아 났고 거기서 짓궂은 운명으로부터 탈출할 수 있는 결정적 계기를 맞이했던 것이다. 이제 운명의 어두운 그림자는 저멀리 사라져 버렸다.

앞으로의 인생이 어떨지는 아무도 모른다. 앞으로 수많은 선택의 기로에서 어떤 선택을 하고 어떻게 대처해 가느냐가 나의 미래를 좌우하게 될 것이다. 다시 말해서 앞으로의 인생의 행복과 불행은 미리 예정된 운명이 아닌, 내가 선택하고 대처한 행동에 대한 대가가 될 것이다.

이런 꿈을 꾸어라

　나에겐 세 살짜리부터 스물일곱 살까지 19명의 조카들이 있다. 그들을 하나 하나 만나서 꿈에 관하여 대화를 주고 받다 보면 정말 재미있는 얘기들을 들을 수 있다.
　양념 치킨집 주인이 되고 싶다는 여섯 살짜리 조카, 간호사가 되고 싶다는 여섯 살배기 조카, 연예인이 되고 싶다는 초등학교 5학년과 중학교 2학년짜리 조카, 선생님이 되고 싶다는 초등학교 5학년의 조카, 디자이너가 되고 싶다는 고 1짜리 조카, 그리고 머리가 이미 커버려 특별한 꿈이 없다는 제법 장성한 조카 등등.
　사춘기가 되는 10대 때는 신체적 성숙과 함께 정신적으로 성숙해가는 과도기라 할 수 있다. 이때 자기 자신의 적성과 소질 그리고 능력의 한계를 인식하기 시작하며, 자기의 주관적인 희망과 주변의 객관적인 여건의 차이에서 오는 심한 갈등을 느끼기 시작한다.

　사춘기를 거쳐 청년기에 이르면 나름대로 자기의 적성이 소질에 맞는 실현 가능한 구체적인 꿈을 정립해야 한다. 그렇지만 의외로 우리 주변에서는 꿈이 없는 청년들을 많이 발견할 수 있다. 나 자신도 10대 후반부터 20대 중반까지 그런 인생을 살았지만 아직도 많은 청년들은 아무런 꿈이 없거나, 소중한 꿈을 가슴 속 깊이 접어둔 채 현실의 노예가 되어 살아가는 경우가 많다.

　이러한 꿈의 부재현상은 아직도 자신의 적성과 소질을 제대로 모르거나 또는 자신의 개성(적성과 소질)은 알지만, 그러한 꿈을 실현할 자신감의 결여로 말미암아 꿈을 구체적으로 정립하지 않았기 때문이다. 내 경험에서 비추어 보건데, 늦어도 20대 초반까지는 자신의 꿈의 모습이 구체화 되어야 한다.

　진정한 꿈의 정립을 위해서는 가치관의 정립, 자신의 적성, 소질 등 잠재력의 발견 그리고 현실적 여건의 고려라는 세가지 요건이 필요하다. 첫째로 가치관의 정립을 위해서는 많은 독서를 해야 하는데 특히 위인전이 많은 도움을 준다. 앞서 살고간 인생 선배의 직업과 업적을 통해 무슨 일을 하는 것이 가치있는 것인가, 어떻게 살아야 훌륭한 것인가를 알게 될 수 있다.

　둘째로 재능과 잠재력의 발견을 위해서는 다양한 경험이 필요하다. 공부에 관한 적성 및 재능은 학교 과정을 통해서 발견할 수 있으나 예·체능에 대한 적성과 잠재력은 학교생활에서는 쉽게 파악할 수 없기 때문에 학원이나 교습소를 통해서 또는 클럽활동을 통해서 파악하고 확인해 보아야 한다.

셋째로 가치관 정립과 잠재력 발견을 통해서 분야가 결정되면, 현실적 여건을 고려해야 한다. 현실적 여건, 즉 경제력이 없으면 아무리 소중한 꿈도 무의미한 것이 되어버릴 가능성이 많다. 경제력이 없어도 노력으로 극복이 가능한 것도 있지만, 어떤 분야는 경제력이 없으면 실현이 불가능한 경우도 있다. 현실적 여건이 성숙되어 있지 않으면, 스스로 현실적인 여건을 만들어 가면서 하는 방법도 있다. 이러한 경우에는 남다른 집념을 가져야만 한다는 제약이 따른다.

이상과 같은 세 가지 요소를 고려하여 꿈을 구체화시켜, 명확한 목적 의식과 목표를 가지고 노력한다면 반드시 행복한 인생을 꾸려 갈 수 있을 것이다.

그들의 꿈을 닮고 싶었다

　어릴 적에 책은 별로 읽지 못했지만 위인전은 꽤나 많이 읽었다. 당시에는 어떤 사람의 전기를 읽던 간에 그 사람이 무조건 존경스러웠다. 그러나 나에게 조금 특별한 존경심을 불러 일으켰던 사람은 링컨 대통령이었다.
　어려운 여건 속에서 숱한 실패를 거듭하면서도 항상 꿈은 잃지 않고 노력하여 변호사가 되고 끝내 대통령이 되어 남북전쟁을 승리로 이끌고 노예해방을 이룩한 그런 모습은 유복하지 못했던 나의 어린시절, 그나마 막연한 희망을 가지게 하는 한줄기 빛과 같은 존재였다.
　그러던 어느날 접한 또 한 사람이 있었다. 바로 비스마르크였다. 분단 독일의 현실을 타파하고 독일 통일을 이루어 경제적 번영의 기틀을 다진 명재상이었다. 인류사에 가장 뛰어난 외교관으로 꼽히는 그의 전기를 읽고 난생 처음 외교의 중요성을 어린 나이에 깨닫게 되었고 외교관이라는 직업에 대한 동경심을 가지게 되었다.

훗날 고시를 위해 외교사를 공부하면서 더욱 상세히 그 시대의 상황과 비스마르크의 외교전략을 이해할 수 있었고, 이 시대 우리에게 진정 필요한 사람이 어떤 사람인가를 다시 한번 생각하게 되었다. 그는 나에게 양보할 수 없는 꿈을 심어준 존재가 되었다.

비스마르크의 전기가 나에게 꿈을 주고, 링컨의 전기가 포기하지 않는 근성을 주었다면, 알렉산더의 전기는 나에게 어떤 일에 임할때 갖춰야 할 자세를 가르쳐 주었다고 할 수 있다.

알렉산더는 전쟁을 할때 항상 적이 완전히 무장을 갖추어 싸울 태세가 될 때까지 기다렸다고 한다. 적군이 준비가 완전히 갖추어지면, 적군의 최정예 핵심 부대를 아군의 정예군을 이끌고가 공격하여 괘멸시켰다고 한다. 그러면 나머지는 자연히 무너지게 되었다. 20세 약관의 나이에 왕이 되어 스물여섯의 나이에 페르시아를 무찌르고 유라시아 대륙에 걸친 대제국을 건설한 알렉산더의 남아다운 웅대한 기상이 그를 존경하게 만들었다. 그를 알게 되면서 나는 어떤 일에 직면하여 회피하기보다는 문제의 본질적 부분을 찾아 그것을 공략하는 자세를 배우게 되었다.

동양인 중에 가장 존경하는 사람은 유감스럽게도 한국인도, 중국인도 아닌 일본의 후쿠자와 유키치이다. 일본 개화

기의 사상가이며 교육자인 그는 일본 근대화의 사상적 기초를 마련하였고 그러한 근대화를 주도할 인재를 길러 낸 훌륭한 사람이다. 한국과 일본이란 껄끄러운 민족 감정에서 본다면 그는 우리에겐 원수같은 존재일 수도 있으나, 한 사람의 선각자로 본다면 충분히 존경할 만한 사람인 것 같다.

한국과 일본의 차이는 여러 가지 다양한 원인이 있겠지만, 후쿠자와 유키치 같은 인물의 존재 여부도 그 원인 중의 하나였던 것으로 이해하고 싶다.

중국인 중에는 삼국지속의 제갈량을 존경한다. 신중함과 지혜로움에서 배어나오는 합리적 처세술을 본받고 싶은 인물이다. 아마 내게 가장 부족한 부분이 아닐까 한다.

역사속의 위대한 인물들과 더불어 생활속에서 내가 존경하는 사람은 나름대로 한분야에서 소명의식을 가지고 일하시는 전문가들, 특히 제조업 분야에서 일하며 자수성가한 분들이다.

나 자신을 알라!

　르네상스 이후의 근대적 자아 인식의 방식은 분열된 자아 인식, 혹은 고립된 자아의 인식이라고 할 수 있다. 그러한 근대적 자아인식은 개성, 즉 다른 사람과 구별되는 나를 발견하고, 그러한 개성을 실현하는 것을 자아의 실현으로 보았다. 이는 개인을 종교적 속박과 보편 획일적인 가치관 및 행동양식에서 해방시켜, 개인의 자유 의지에 의한 삶을 가능하게 하는데는 공헌했다.
　그러나 그러한 자아인식은 필연적으로 자아의 충돌 즉, 사회적 갈등현상을 야기하게 되었다. 서로 다른 개성의 주체들이 하나의 공동체를 이루게 될 때 개성만을 강조하게 되면 사회는 조화를 이루기 어렵고 상호 충돌하는 갈등상태가 야기되기 마련이다.

그런 근대적 자아관에서 발생하는 사회 갈등을 해소하고, 사회의 평화를 유지하며 개성을 실현하기 위해서는 새로운 자아의 인식이 필요하다. 그러한 새로운 자아 인식의 방법을 '통합된 자아인식'이라고 규정해 본다.

통합된 자아인식은 근대적 자아인식을 부정하는 것이 아니라, 그를 기초로 타인과의 관계속에서 자아를 인식하는 것을 말한다. 먼저 종적으로 개인은 역사적 실체라는 것이다. 오늘의 나는 갑자기 하늘에서 떨어진 존재가 아닌, 부모의 삶의 소산이며 그러한 내 인생은 또다시 나의 자식들로 계승되는 그러한 관계속에서 존재하는 것이다.

다음으로 횡적으로는 현재의 나는 나의 형제, 자매, 이웃, 친구들과의 관계속에서 존재한다는 것이다. 그들과의 관계를 떠난 나는 존재할 수 없는 것이다. 따라서 그들과의 관계속에서 나를 찾고 그들과의 관계속에서 내가 나가야 할 길을 찾아야만, 다른 공동체의 구성원들과 갈등없이 행복한 삶을 영위할 수 있을 것이다.

종적, 횡적 관계 속에서 나의 개성은 무엇이고 그러한 개성을 그들과의 관계속에서 어떻게 발휘하느냐? 나의 개성으로써 그들에게 무엇을 해 줄 수 있고, 그들에게서 어떤 협조를 얻어낼 수 있느냐? 하는 것이 진정한 자아의 인식이고 그것을 실현해 나가는 것이 진정한 자아의 실현이 아닌가 생각한다.

이렇게 말하면 독자들은 필자가 무엇을 자아로 인식했고, 그것을 어떻게 실현시켜 나가는지 궁금할 것이다.

나는 가난한 농부의 여덟 번째 아들로 태어났으며, 다섯명의 형, 두 명의 누이, 한 명의 남동생과 열 두명의 조카들이 있다. 우리 형제들은 거의 정규교육을 제대로 받지 못하고 자랐다. 또한 내가 자란 시골마을의 이웃들 또한 요즘 젊은이 몇 명만을 빼고는 사정이야 어떻든 교육을 제대로 받지 못했다. 그런 상태에서 우리 가족들과 이웃들은 패배주의, 숙명론에 찌들어 살게 되었다.

그런 상황속에서 나의 공부성향은 사회 과학 쪽에 알맞았고 다양한 갈등 관계를 보아 오면서 그것을 조정하는데 알맞은 성격을 형성해 왔다. 이런 상태에서 나 자신의 개성을 실현하고 그들의 패배 의식을 극복시켜주는 것이 내가 할 수 있는 가장 중요한 일인 것을 어느때 부터인가 인식하게 되었다. 그래서 외교관이 되기로 결심했고 고시에 도전하게 되었던 것이다.

고시에 합격하여 당당한 외교관이 되어, 내 주위 사람들을 기쁘게 해줌과 동시에 그들의 운명론적 사고를 변화시키고 싶었다. 아무리 운명론의 허구성을 입으로 웅변해봐야 소용없다. 그들에겐 '하늘에 별따기'로 통하는 고시에 합격함으로써, 그것도 정규교육을 제대로 받지 못한 내가 그것을 해냄으로써 패배의식은 극복할 수 있다는 것을 증명하고 싶었다.

애초의 목표와는 약간 다르지만, 이제부터 경제 외교관인 국제통상 전문가의 길로 막 들어 섰다. 예전의 우리 가족들과 이웃들에서 볼 수 있던 패배주의는 많이 없어 질것 같다. 경제적 지원없이 학벌도 변변치 못한 사람이 해내는 것을 보았기 때문이다.

  이제는 내가 얼마나 이 사회에 공헌하는가에 따라서 나를 아는 모든 사람들이 희망을 가질 수 있을 것이다. 멀고 험한 길이지만 나 자신과 내 가족, 내 이웃을 위해 나의 앞길을 개척해 나가는 것이 앞으로 실현해야 할 자아의 길인 것으로 나는 알고 있다.

  그것 또한 넓게는 우리사회, 즉 국가를 위한 길일 것이다.

꿈은 머리가 아닌 몸으로 꾸는 것

　결단을 위한 고민은 깊이 그러나 짧게 하는 것이 가장 좋다. 어떤 문제에 대하여 심심할 때 한번씩 생각해 보는 것보다는 짧은 시간이라도 깊이 있게 생각해 보고 결정하는 것이 바람직하다. 그런 과정을 통하여 결단이 내려지면, 그외의 여러 가지 잡다한 것은 포기하는 것이 좋다. 오로지 한가지 목표를 향해서 달려가는 것이 신경이 분산되지 않기 때문에 훨씬 유리하다. 서로 다른 방향으로 뛰는 두 마리의 토끼를 다 잡을 수 없는 이치와 마찬가지이다.
　내 주변에는 한 해에 3대 국가고시(사시, 행시, 외시)를 모두 응시하는 사람도 가끔 있었고, 행시를 공부한다고 하면서 과목과 계통이 다른 여러 가지 시험을 응시하는 사람도 있었다. 그런 사람치고 한 가지 시험에라도 합격하는 경우는 거의 본 적이 없다. 자꾸 여러 가지 시험을 치다 보면, 신경이 분산되어 집중력이 떨어지고 무엇보다도 큰 후유증은 떨어지는데 면역이 생겨 떨어지고 난 뒤에도 별로 충격을 받지 않고 늘 있는 일처럼 받아들인다는 데 있다.

여러 가지 시험을 치면 당연히 떨어지는 횟수는 많아지고 그렇게 되면 떨어지는데 면역이 생겨 낙방의 충격속에서 심기일전 분발할 수 있는 의욕과 기회마저 상실해 버리는 것이다.

흔히 고시공부를 하다가 혹시나 하고 7급 시험을 쳤으나 의외로 낙방하는 경우가 많다. 7급을 만만히 보고 적당히 공부하기 때문이다. 고시 공부했다는 쓸데없는 자존심에 '7급 정도야'하고 방심하다가 당하는 경우가 허다하다. 옛말에 '호랑이가 토끼 한 마리를 잡으려해도 혼신의 힘을 다한다'라는 말이 있다. 시험의 수준이 낮다고 방심하지 말고 시험의 특성과 문제 경향을 철저히 연구하고 최선을 다하는 자세를 갖추어야만 무슨 시험이건 합격할 수 있을 것이다.

한가지 목표가 정해지면 가급적 그것과 본질적으로 연관되지 않은 것들을 포기하는 것이 좋을 것이다. 특히, 이성문제에 관해서는 '있는 애인 쫓지말고, 없는 애인 구하지 말라'는 충고를 해주고 싶다. 남녀 사이의 이별은 결코 쉬운 일이 아니다.

공부에만 전념하겠다며 섣불리 이별을 선택하면 사랑의 강도에 따라 다르겠지만, 최소한 6개월 이상은 공부하는데 어려움을 겪게 될 것이다. 반대로 이성친구가 새로 생기면

신선한 분위기속에서 더 열심히 공부에 파고 들 수 있다고 착각하는 친구도 보았다. 그러나 실상 그건 착각에 불과하다.
 차라리 결혼을 해버리면 심리적으로 안정된 분위기에서 공부할 수 있겠지만 단순한 이성친구를 사귀면 혹시나 아플까, 도망갈까, 진실로 나를 사랑할까 등등의 의문으로 온통 그 사람에게만 정신이 집중될 뿐이다. 그러니 있는 애인 쫓지 말고, 없는 애인 구하지도 않는 편이 가장 현명한 길이다.
 가장 어찌할 수 없는 일이 사람의 일이지만 진지한 충고로 생각하고 자신의 지금 모습을 되짚어 보자.
 자신의 I.Q라든가 두뇌의 잠재력을 지나치게 믿고 노력을 게을리 한다면 또한 실패할 확률이 크다. 고시 공부나 다른 여러 가지 수험생활에 있어서 장수(?)의 비결은 자신의 두뇌를 지나치게 믿고 노력하지 않는 것과 쓸데없는 열등 의식에 휩싸여 자신감을 상실한 채 소극적으로 공부하는 것이다.
 시험은 인간이 출제하고 인간이 치르는 것이다. 거기에는 불가항력, 불가능은 없으며 노력을 전제한 보통의 지능만 가지고 있다면 반드시 합격할 수 있다.
 어떤 시험이나 어떤 새로운 일에 도전해보고 싶으나, 그 분야에 대한 기초 지식이 없어서 망설이는 경우가 많다. 나 또한 그런 상태였다. 아마 86년 겨울쯤으로 기억하는데 맨처음 영어 공부를 하고자 하는 결심을 했을 때, 나의 영어실력은 중학교 2학년 교과서를 겨우 이해할 수 있는 그런 실력이었다.
 중학교 때는 영어를 그럭저럭 했으나 고등학교 시절 영어

수업 시간이 일주일에 고작 두 시간이었고 그나마 진학을 포기한 입장에서 별로 관심없이 시간만 때우는 식이었다. 직장생활 4년째, 약 10년 가까운 세월을 영어와는 담을 쌓고 지냈으니 영어를 새로 시작하는 내 심정이 어땠을지 짐작이 갈줄 안다.

이런일이 있었다.

조선소 설계실에 근무하던 어느 날 현장순시차 설계도를 들고 공장을 향해 걸어가던 순간, 마침 회사를 방문중인 한 외국인이 나에게 무언가를 물어왔다. 하지만 나는 도대체 무슨 질문인지 알아들을 수 없어 모른다는 뜻으로 손을 가로저었다. 그러자 그 외국인은 계속해서 그럴 리가 없다는 표정으로 나에게 물어왔다.

그 순간 쥐구멍이라도 있으면 숨고 싶었고, 얼른 도망가 버리고 싶은 심정이었다. 분명 회사 내부의 어떤 장소를 묻는 것 같은데 도대체 무슨 말을 하는지 한 마디도 알아들을 수 없으니 명색이 고등 교육을 받았다는 것이 그렇게 수치스러울 수가 없었다. 그 충격 이후 외국어를 공부하자고 결심했으나 워낙 기초가 형편없어 망설여졌다.

그래서 기초부터 다시 시작하기로 결심하고 외국어 학원의 완전 기초과정에 등록했다. 기초회화부터 다시 시작한 지 약 1년이 지나니 웬만한 대학생 부럽지 않은 실력이 되었다. 그때 만약 쓸데없는 자존심에 중·고급과정을 시작했다면 아마도 중간에서 포기하고 말았을 것이다.

고시에 도전할 때도 마찬가지였다. 영어를 제외하고는 열

두 과목 모두가 아무런 기초가 없는 생소한 것이었다. 처음부터 고시서적을 보는 것 자체가 무리였다.

기초를 다진다는 의미에서 모든 사회 과학의 기초가 되는 역사 공부를 '이야기 세계사'로 시작했다. 쉽게 쓰여진 책이지만 3, 4번 반복해서 읽으니 세계사의 흐름과 주요 내용이 파악 되었고 가장 중요한건 공부에 대한 흥미도 느낄 수 있었다는 점이다.

이런 나의 경험으로 비추어 볼 때, 어떤 새로운 일에 도전해 보고 싶을 때는 기초가 부족하다고 생각하면 조금 더디더라도 기초부터 다시 밟는게 나중을 위해선 가장 빠른 길이다. 기초가 든든해야만 발전 가능성이 커진다. 큰 일을 하고 싶거든 우선 기초부터 다지라고 권하고 싶다.

때로는 우직함이 필요하다

어떤 일이든 결심하고 시작했으면, 처음에 마음먹은 대로 계속해서 밀고 나가는 것이 필요하다. 조그만 난관에 부딪혔다고 해서 계획을 바꾸거나 목표 자체를 바꾸어 버려서는 안 된다.

내가 잘 아는 사람 중에는 사법시험의 외국어 선택을 네 번이나 바꾼 친구가 있다. 맨처음 영어를 선택했다가 두 번 정도 떨어진 후, 독일어가 쉽게 출제된다는 주변사람들의 말에 귀가 솔깃해서 독일어로 바꿨다. 독일어 선택이 많아지자 독일어 또한 문제가 어렵게 출제되기 시작했다. 그래서 또 두 번 정도 떨어졌다. 그후 이번에는 다시 중국어 열풍에 휩쓸려 중국어로 선택을 바꿨으나 기초 부족으로 또 떨어진 후 올해부터는 다시 스페인어로 선택을 바꿨다.

올해 스페인어는 그리 어렵지는 않았으나 역시 외국어로써 갑자기 선택을 바꾼 사람들이 고득점하는데는 한계가 있었던 것 같다. 결국 또 떨어졌다. 그렇게 보낸 세월이 약 10년, 만약 그 친구가 처음에 선택한 영어나, 두 번째 선택한 독일어로 밀어 부쳤으면 지금쯤 적어도 1차 합격은 하지 않았을까 생각한다.

위와 같은 사례에서 볼 수 있듯이, 초지일관 하지 못하고 너무 상황에 민감하게 반응해 선택을 바꾸면 사정이 더욱 꼬일 가능성이 크고, 하지 않아도 될 고생을 하게 된다. 어떤 일을 성취하고 싶거든 당초의 계획이나 의도에 큰 잘못이 없으면 그대로 밀고 나가는 우직함이 때로는 필요하다.

또한 한가지 일에 끝장을 보고 싶다면 자신을 유혹하는 많은 적들을 단호히 물리칠 각오가 있어야 한다. 다음 몇 가지 경고는 고시생이나, 사회 각 분야에서 성공하길 원하는 대다수의 사람들에게 꼭 들려 주고 싶은 것들이다.

잡기에 빠지지 마라. 스트레스 해소라는 명분으로 흔히 잡기에 빠지기 쉽다. 당구, 화투, 포카 등 대부분의 잡기에 해당하는 것들이 중독성이 있어서 한번 빠지면 헤어나기 힘든 것이다. 때로는 잡기가 본업인지, 공부가 본업인지 구별되지 않는 사람도 종종 본다. 스트레스 해소와 무료한 시간을 달래기 위해서는 차라리 운동이나 노래같은 것을 권하고 싶다.

TV는 적이다. TV 특히 드라마에 빠지지 마라. 여느 잡기와 마찬가지로 TV도 중독성이 있는 것 같다. 특히 드라마의 경우 한번 빨려 들면 그 다음 내용이 궁금해서 견딜 수 없게 된다. 따라서 무슨 일에 몰두하고 싶거든 TV를 아예 꺼라. 뉴스는 신문을 통해서도 볼수 있으니까.

결과에 대한 부담감에서 해방되어야 한다. 결과에 대한 부담감이 집중력을 떨어뜨리고 불면증, 만성피로 등을 유발한다. 결과는 과정의 부산물로 생각하고, 성실한 자세로 최선을 다하라. 결과에 대한 대책은 결과가 나온 후에 세워도 늦지 않다.

잔인한 충고같지만, 너무 많은 친구를 만들지 마라. 주변에는 도서관이나 독서실을 사교장으로 착각하는 사람들이 간혹 있다. 이전부터 아는 사람이었거나 또는 같은 계통의 공부를 하는 사람이라면 서로 격려도 해주고, 정보교환을 하기도 하며, 대화로써 스트레스 해소도 할 수 있어 좋다. 하지만 자기와 전혀 관계없는 엉뚱한 분야를 준비하는 낯선 사람에게 접근해서 친구가 되어 당구장으로, 맥주집으로, 노래방으로 이어지는 순례가 시작되면 그 다음의 결과는 보지 않아도 뻔할 것이다.

가급적 자기 분야와 관계없는 친구를 새로 만들지 않는 편이 좋다. 또한 필요한 친구만을 사귀어라. 목표를 달성한 뒤에 폭넓은 인간 관계를 구축해도 늦지 않다.

가장 무서운 적은 누구?

　사람들은 흔히 무슨 시험이든 경쟁률부터 먼저 생각한다. 단지 시험 뿐이 아니라, 세상사 모든 일을 남과의 경쟁이라고 생각한다. 내가 이익을 보면 남은 손해보고, 남이 합격하면 내가 떨어진다는 사고방식이 사람들의 머리 속을 온통 지배하고 있는 것 같다.
　그러나 세상사는 반드시 그런 속성만을 가진 것은 아니다. 다시 말해서 상호 협조로 둘다 잘 될수 있는 길도 있으며, 서로 협조해도 둘 다 망할수 있는 경우도 얼마든지 있다. 윈윈(WIN-WIN)게임이 적용된다는 말이다.
　삶에 있어서 무엇이 되고 안되고, 합격하거나 떨어지는 일은 남과의 경쟁이기 이전에 자신과의 싸움이라고 말할 수 있다. 자신과의 싸움에서 이기지 못한다면, 그 사람은 경쟁의 장에 나갈 필요도 없이 이미 탈락한 것이나 마찬가지다.
　많은 이들은 자신의 감정 하나 억제하지 못한 채 조금 기분 나쁜 일이 있다 하여 술에 의지하여 괴로움을 달래려 하고 공부하는 것이 따분하고 지루하다 하여 당구장, 비디오 방, 오락실을 전전하며 하루 이틀 시간을 보내기도 한다. 이러면서도 공무원 시험을 보겠다고 하거나 명문대학에 입학원서를 내겠다고 야무진 마음을 먹는 사람들이 있다.
　무엇이 되고자 하거든 자신의 감정을 억제하고 사소한 것들에 대한 미련을 버리고, 끊임없이 다가오는 유혹의 손길을 뿌리칠 줄 아는 지혜와 용기가 필요하다.
　아무것도 대가없이 이루어 지는 것은 없다. 이 세상에 무언가를 성취한 훌륭한 사람들은 뛰어난 자질이나 선천적인 여건때문에 성공한 것처럼 보인다. 그러나 그 뒷면을 보면, 그들이 끊임없는 자기와의 투쟁에서 이겼다는 것, 즉 극기가 있었다는 중요한 사실은 간과하기 쉽다.
　오늘의 X세대에 대하여, 어른들은 너무나도 나약하다고 말씀하신다. 실제로 오늘의 젊은 세대는 어른들 세대와는 달리 풍요의 시대에 태어나서 부모들의 과보호속에서 자라나, 정신적으로 나약하기 그지없는 것도 사실이다. 내 주변의 조카들만 보아도 그런 성향이 농후한 것 같다.
　무엇이 되고 싶고, 인생을 성공적으로 살고 싶다면, 즉 꿈과 목표가 있다면 먼저 자신을 이기고, 자기자신을 목표가 요구하는 수준까지 향상시켜야 한다. 아무리 어려운 시험도 커트 라인보다 더 높은 수준에 도착하면 그것으로 시험에 합격할 수 있고, 시험이 아니더라도 목표한 바를 성취할 수 있다.

거기에 이르는 과정은 타인과의 경쟁이 아닌, 자기 자신과의 싸움이다. 물론 기초 실력이나, 지능 수준, 경제적 여건에 따른 개인 차이는 있지만 그것이 목표 달성을 불가능하게 하지는 않는다. 단지 좀 더 긴 시간의 인내와 극기를 요구할 뿐이다.

하늘도 스스로 돕는 자를 돕더라

　누구에게나 인생에 있어서 세 번의 기회가 온다는 말이 있다. 그러나 나는 그말을 부정하고 싶다. 그리이스의 선박왕 오나시스는 "인생에 있어서 기회는 세 번이 아니라 무수히 많다. 지금 이 순간에도 기회가 눈앞을 지나 가고 있는데도 불구하고 사람들은 기회가 없다고 한탄한다"고 말한 바 있다.
　그런 오나시스의 견해에 대해 나는 전적으로 동감한다. 기회가 없어서 인생에 성공하지 못하고 큰 돈을 벌지 못하는 것은 아니다. 기회는 누구에게나 평등하게 무수히 온다. 단지 그 기회를 포착할 수 있는 준비가 되어 있느냐 없느냐에 따라서 꿈을 이루고 성공하느냐 실패하느냐가 결정된다.
　20대까지는 나도 기회가 없다고 한탄했다. 그러던 어느날

한 인생 선배로부터 오나시스의 이야기를 듣고 내 생각이 바뀌기 시작했다. 내 눈앞을 스쳐 지나가는 무수한 기회중에 하나라도 잡기 위해서는 무엇인가 준비해야 된다고 생각하기 시작했다. 그렇게 시작한 것이 영어공부였다. 영어에 어느 정도 자신감이 생긴 뒤 고시제도를 알게 되었고, 그 순간 어린시절의 꿈이 되살아 났다. 미처 준비가 덜 되어 세 번의 기회를 모두 잃어버린 순간에도 희망을 포기하지 않은 나에게 하늘은 또 다시 한 번의 기회를 더 주었다.

바로 행정고시 국제통상직 시험의 신설이었다. 만약, 그냥 현실속에 안주하여 영어공부도 하지 않았더라면 나에게 이런 기회는 단지 스쳐가는 기회일 뿐 아무런 의미도 없었을 것이다. 그러나 내 나름대로 능력개발을 위해 영어 공부를 열심히 한 결과, 다른 사람들과 동일하게 주어지는 기회를 잡았던 것이다.

어둡고 막연한 현실 속에서 무언가를 준비한다는 것은 쉬운 일은 아니다. 숱한 주위의 유혹을 뿌리쳐야 하고, 나약해지는 자신을 추스려야만 하기 때문이다. 지금 우리사회에는 어려운 현실 속에서 인생을 비관하고 아무런 대책없이 고민에 휩싸인 사람들이 많이 있다. 청소년, 직장을 찾는 취업준비생, 언제 실직자가 될지 모르는 직장인 등등. 이런 사람들에게 반드시 해주고 싶은 말이 있다. "준비하라. 그리고 네 눈앞을 스쳐 지나가는 무수한 기회 중에 하나를 잡아라" 하늘은 스스로 돕는 자를 돕기 때문이다.

공부, 알고 하면 무지 쉽다

"공부가 가장 쉬웠다"라는 제목의 어느 합격기를 접한 적이 있다. 그 책의 제목이 나에게 많은 생각을 하게 했다. 과연 공부는 쉬운 것인가? 결론은 쉽지는 않다는 것이다. 이 세상 모든 일이 결코 만만치 않듯이 공부 또한 그렇게 호락호락 한 것은 아니다. 혹시, 천재에게는 공부가 쉬울지 모르나, 천재가 아닌 나같은 보통 사람에게는 공부는 결코 쉽지 않다.

물론 그 수기를 쓴 사람도 단순히 공부가 쉽다고 말한 것은 아니다. 그렇게 말한데는 그 나름대로의 이유가 있겠지만, 나는 생각이 다르다. 공부가 어렵다는 것은 단지 공부의 내용이 어렵다는 것 뿐만 아니다. 오히려 공부의 내용은 차라리 쉽다고도 말할 수 있으리라. 진정 어려운 것은 끊임없는 유혹을 이기고, 오랜 시간 인내를 하며 공부를 한다는 것이다.

인간이기에 때로는 술도 마시고 싶고 때로는 여자친구와 데이트도 즐기고 싶고, 비디오, TV도 보고 싶고, 당구도 치고 싶고, 겨울이면 스키장에도 가보고 싶다. 또 여름이면 해변에서 수영도 즐기고, 비키니 차림의 여인의 몸매도 감상하고 싶은 것이 솔직한 심정이다. 바로 이러한 유혹으로부터 자신을 적절히 컨트롤하고 우직하게 책상 앞에 앉아 공부하는 것이 어려운 것이다.

꽤 많은 사람이 묻는 질문들이 있다. '어떻게 하면 공부를 잘 할 수 있는가?' '어떻게 하면 시험에 합격할 수 있는가?' 사실 대답하기 가장 곤혹스런 질문이다. 만약 내가 그런 대답을 알았더라면, 어떤 비법을 알았더라면, 왜 6년이란 긴 세월을 걸려 겨우 합격했을까? 그저 열심히 하는 것 밖에는 아무런 비법이 없는 것 같다.

그러면 이런 질문을 하는 사람도 있다. '열심히 하는것 밖에 도리가 없다는 것도 알고, 또 열심히 해야 한다는 것도 아는데 도대체 열심히 할 수 없는 것은 왜 그런가?'

이는 공부에 흥미가 없고, 흥미가 없으니 좀처럼 집중력이 생기지 않기 때문이다. 사실 공부를 잘하고 못하는 것은 집중력의 차이인 것 같다. 물론 선천적인 두뇌의 차이는 있지만 그것은 어찌할 수 없는 자신의 한계이고, 그런 한계내에서 공부를 잘하고 못하고는 결국 집중력에 의해 결정된다.

그렇다면 집중력은 어떻게 생기는 것일까? 내 생각엔 집중력을 결정하는 요인은 흥미와 체력이라고 본다. 공부하는 과목에 흥미나 관심이 유발되어야만 자기도 모르게 어떤 문제에 집중하게 되고, 체력이 뒷받침되어야만 집중력이 장시간 유지된다.

집중력의 가장 중요한 토대인 흥미는 어떻게 해야 유발되는가. 첫째로 사회과학을 공부한다고 생각해 보자.

사회과학은 사회현상을 분석하고 그것을 이론의 틀로써 체계화 시키는 학문이다. 따라서 사회과학에 흥미를 느끼려면 다양한 사회 문제에 관심을 가지는 것이 우선 조건이다.

정치학을 공부하기 위해서는 정치 현상 및 현실을 눈여겨 보고 고민하라. 그 다음 정치학 관련 서적을 읽어 나가며 현실속에서 고민했던 문제를 책속의 이론에 대입시켜 풀어 보면 많은 궁금증이 자연스럽게 풀리고 그러한 궁금증이 풀리는 데서 짜릿한 희열을 느낄 수 있을 것이다.

경제학을 재미있게 공부하기 위해서도 마찬가지다. 경제현상, 경제 현실에 관심을 가지고 고민한 다음 경제학 서적을 펼쳐 읽어 나가라. 자기가 고민했던 문제에 대한 이론적 해답을 발견하게 되면 무척 반갑고 흥미로워질 것이다. 게다가 고민했던 문제가 책을 통해 해결되면 자꾸 또 다른 문제를 고민하게 되고 흥미는 배가 되며 책을 반복해서 읽게 된다. 그러면 어느 순간 거의 모든 경제 현상들이 이해되고 경제학을 전반적으로 이해하게 될 것이다.

둘째로 자연 과학을 공부한다고 생각해보라.

자연과학은 자연 현상의 관찰을 통하여 그 속에 내재하는 질서를 이론의 틀로써 정립시키는 것이라고 할 수 있다. 그러므로 자연 과학에 흥미를 가지기 위해서는 당연히 자연 현상에 관심을 가지고 주의 깊게 관찰하고, 그 속에 내재하는 어떤 질서에 대한 의문을 가지고 과학책을 보라. 그러면 궁금한 문제에 관한 명확한 이론적 설명이 보이게 되므로 자연히 관심과 흥미가 유발된다.

인문 과학도 마찬가지다.

인간의 심성, 감정, 본능, 이성에 대한 관심을 가지고 사람을 관찰하고 고민한 뒤, 문학 등을 접하면 지극히 자연스럽게 인문 과학에 흥미가 생길 수 있을 것이다.

이상은 단순한 나의 상상이 아닌 실제 경험에 근거한 것이다. 어릴적 지도책과 위인 전기에 관심을 가지고 본 결과 지리, 역사 등 사회 과목에서 매우 흥미를 느끼게 되었고, 그와 관련된 책을 보면 누가 옆에서 한 대 때려도 모를 정도로 빠져들곤 했다.

또한 고시공부를 하면서 그토록 어렵다고들 하는 경제학이나 정치학 등의 과목을 공부할 때 정치, 경제적 문제에 대한 관심이 자연스럽게 나를 책속에 빠져 들게 하였던 것이다.

결론적으로 공부에는 왕도가 없으며, 오로지 우직하게 열심히 하는 것인데, 열심히 하자면 내 안에 잠자고 있는 흥미라는 충동성을 깨워 집중력을 키워야 한다는 것이다.

왜 공부를 해야 하는가?

　흔히 학생들은 학과 공부가 공부의 전부인 것처럼 생각하지만, 그것은 잘못된 생각이다. 인생살이 모든 것이 공부이다. 책을 보는 것 뿐만 아니라 어떠한 사물이나 현상을 보거나 경험하고 그 사물의 진정한 모습과 현상의 본질에 대해서 탐구하는 그 모든 것이 공부이고, 슬기롭게 살려고 노력하는 모든 것이 공부라고 생각한다.
　다시 말해서 공부란, 세상의 이치를 터득해 가는 끊임없는 과정인 것이다. 세상의 이치를 알고서 살아가는 것과 아무것도 모르고 살아가는 것은 천지차이다. 그렇지만 공부를 하면 할수록 세상의 이치는 어렵고, 할수록 모르는 것이 더 많아지는 것을 느끼게 될 것이다. 인간 능력의 한계 때문에 이 세상의 모든 이치를 알 수는 없다. 단지 나름대로 전문 분야의 작은 이치를 알게 되는 것일 뿐이다.

　그러므로 세상을 행복하게 살자면 자신이 알게된 이치를 남에게 제공해주고, 자신에게 부족한 부분은 다른 전문가의 도움을 받아야만 한다. 그런데 우리 사회는 전반적으로 공부하는 습관이 잘못되어 있다. 공부는 학교 다닐때나, 무슨 시험을 볼때만 하는 것으로 잘못 인식되어 있고 교육깨나 받았다는 사람들은 마치 자신이 이 세상의 모든 이치를 다 아는 것처럼 허세를 부리며, 전문가의 의견을 무시해 버리는 경향이 있다.

　보편적인 한국인에게 있어서 공부수준이 극치로 치달을 때가 대학 입시 직후이거나 취직시험 직후란 말이 있다. 하지만 합격하고 자리가 보장되기만 하면 현실에 안주하여 책은 만리장성 건너편의 것이 되어 버리고 만다. 설사, 열심히 공부하고 연구하는 소수의 사람이 있다고 하더라도 그 사람은 중요한 위치에 발탁되지 않는다.

　서글픈 현실이지만 사실이다. 그것은 "한국의 관료사회에 있어서는 전문가 소리를 듣기 시작하면 그것으로 끝이다"라는 말이 있을 정도로 끊임없는 연구를 통해 전문가가 된다고 할지라도 그 능력을 펼칠 수 없는 풍토가 사회에 만연해 있기 때문이다.

　그래서 소수 몇 명의 소명 의식을 가진 사람 외에는 공부하지 않는 그런 사회가 되어 버린 것이다. 그럼에도 불구하고 우리는 모두 공부해야 한다. 공부는 출세의 수단이라기보다는 세상을 살아가는 이치와 지혜를 터득하는 것이기 때문이다. 공부가 비록 쉬운 것은 아니지만 반드시 해야 할 가치가 있다는 것은 바로 그것 때문이다. 세상 살아가는 지혜를 터득하여, 행복한 인생을 살기 위하여 공부해야 하는 것이다.

　행복하기를 원하거든 공부하라. 공부하기 싫거든 아예 행복하기를 바라지 말라.

어차피 공부는 혼자 한다

　학생들 누구나 공부 잘하기를 원한다. 그러나, 잘하려고 노력하는 사람은 그다지 많지 않다. 학부모들 누구나 자신의 자녀가 공부를 잘했으면 한다. 그러나 공부를 잘할 수 있는 여건을 만들어 주는 학부모는 거의 없다. 그렇다면 공부를 잘할 수 있게 만들어 주는 여건이란 무엇인가?
　공부에 흥미를 가지고 스스로 공부하기 위해서는 무엇보다도 지적 호기심을 가져야 한다. 학생은 스스로 사물과 현상에 대한 관심을 가지고 관찰과 사고를 통하여 "왜?"라는 의문을 끊임없이 제기하여야 한다. 또한 학부모는 자녀에게 사물과 현상을 전반적으로 설명해주고 그것이 왜 그런지 학생 스스로 의문을 가지고 풀어 보게 하는 지적 호기심을 유발시켜야 한다.

그것이 얼마나 중요한 것인가는 내가 공부해온 경험을 듣는다면 충분히 수긍이 갈 것이다. 나는 시골에서 태어나 학원이나 과외는 애초에 상상도 할 수 없는 것이었고, 초·중학교 시절 교과서 마저도 형이나 이웃 선배들의 것을 물려받아 가며 학교를 다녔어야 했다. 고시를 시작하고서도 여러 가지 전문 과목을 공부하면서 시간적·경제적 여유가 없어 학원의 이론 강의를 들어본 적이 없다.

내가 학원 강의를 들어 본 것이라야 최종적으로 답안작성 연습을 위해 들었던 2차 모의고사반을(경제학, 행정학, 행정법, 국제법 4과목) 30일 정도 다닌 것이다. 그것이 약 6년간의 수험기간 동안에 받았던 학원수강의 전부였다.

대학에서 전공을 했던 사람들도 어렵게 생각하는 과목들을, 그것도 한 두과목이 아니고 외무고시 12과목, 국제통상 11과목을 고등학교 기초마저 없는 내가 할 수 있었던 가장 큰 원동력은 끊임없이 지적 호기심을 스스로 유발시켰던 것에 있었다.

그러면 어떻게 지적 호기심을 유발시키는가?

지적 호기심을 유발시키는 방법을 쉬운 예로써 설명해 보겠다. 필자의 경우 맨처음 지적 호기심을 느낀 것이 초등학교 5학년때 였다. 당시 담임이셨던 심재기 선생님이 자연 수업중에 사계절의 변화라는 자연현상을 설명하시고, 그것이 왜 생기는 것인지를 생각해 보라고 하셨다.

한참을 생각해도 도대체 왜 그런지 알 수가 없었다. 그때 선생님께서 지구의 타원형 공전궤도와 23.5도가 기울어진 자전축을 칠판에 그리셨다. 그리고서 지구와 태양의 거리가 가장 가까운 때와 가장 멀 때 중 어느 쪽이 여름이고 어느쪽이 겨울이냐는 질문을 던지셨다. 그러자, 아이들 대부분 가장 가까운 때가 여름일 것이라고 대답했다. 그러나, 그때 나는 아무말도 하지 않고 있었다. 무언가 다른 이유가 있는 것 같았기 때문이었다. 23.5도 기울어진 자전축이 무엇인가 다른 의미를 갖고 있다는 생각이 들었다.

아이들의 대답을 듣고난 선생님은 틀렸다고 말하시고는, 계절의 변화는 태양과 지구의 거리가 결정하는 것이 아니고, 태양이 지구를 비추는 각도에 의해서 결정된다는 것이라고 말씀하셨다. 이러한 설명을 듣고, 사계절의 변화에 대한 호기심은 풀렸으나 또 다른 호기심인 밤과 낮의 길이 차이, 위도 차이에 따른 기온의 차이 등에 관한 호기심이 생겼고 그것들에 관해서 생각해 보고 나름대로 결론을 얻은 뒤 내 견해를 말씀드려 확인을 받곤 했다.

선생님은 나의 또 다른 호기심을 자극하기 위해 밀물과 썰물, 양력과 음력의 차이 등에 관한 여러 가지 현상을 말씀하시면서 왜 그렇겠느냐고 생각해 보라고 하셨다. 그럴 때는 길을 걸으면서도, 밭에 나가 일을 하면서도 도대체 왜 그럴까 하는 생각이 머리속에 가득했다. 그런 의문들이 하나씩 풀려가면서 모든 사물과 현상을 바라볼 때 무언가 그 속에 내재하는 질서와 법칙들을 생각해 보곤 하는 것이 습관화되었다.

이런 습관 때문에 성적이 일시적으로 떨어질 수도 있다.

그러나 이런 습관이 학문하는 근본 자세이며, 장기적으로는 훨씬 효과적인 방법이라고 감히 자신한다.
　그런 사물과 현상에 대한 끝없는 지적 호기심을 가지게 되었을 때 꼭 필요한 것이 있다. 일단 어느 정도 생각해본 뒤 도저히 풀 수 없는 궁금증이 풀렸지만, 그것이 확실한 것인가를 확인해야 할 것이다. 부모나 선생님이 모든 것을 다 알 수 없기 때문에 필요한 것이 백과사전이다. 스스로 궁금한 것을 백과사전을 통해서 해결하는 것이 가장 확실한 길이다.
　우리나라 부모님은 한 달에 수십만 원을 들여 자녀를 학원에 맡기는 일은 잘하면서, 이백만 원만 투자하면 장만할 수 있는 백과사전에 대해서는 왜 그렇게 인색한지 모르겠다. 자신의 지식이 부족해서 자녀의 호기심이나 궁금증을 충족시켜줄 수 없다면 큰맘 먹고 백과사전 한 질 정도 사주는 것이 학원을 보내는 것보다 훨씬 나을 것이다.
　목욕탕에서 부력을 발견한 아르키메데스가 너무나도 기쁜 나머지 '유레카'를 외치며 맨몸으로 목욕탕을 뛰쳐나오는 장면을 상상해 보라. 깨우침의 희열은 그만큼 큰 것이다. 어떤 사물에 대해 호기심을 품고 스스로 그 해답을 깨우친 후, 백과사전 등에서 자신의 답이 정답이었음을 확인하는 순간 아르키메데스의 '유레카'가 가져다 주는 희열을 느낄 수 있을 것이다.
　필자는 초·중학교 시절 몇 번 그런 희열을 맛본 바 있고, 고시공부를 시작하고서는 헤아릴 수 없이 많은 희열을 느꼈다. 그런 희열 때문에 공부가 재미있어지고, 거의 취미화 되어버렸던 것이다. 사실 정치학, 경제학 등 사회 과학의 거의 모든 내용이 나에게는 새로운 것이었으며 사회현상 속에서 궁금하게 여겼던 것들이 그러한 학문의 이론을 통해서 풀리게 되었을 때는 매일이 즐거움의 연속이었다. 합격에 대한 부담감만 없다면, 공부하는 것이 정말 즐겁다는 생각은 지금도 변함없다. 이 글을 읽으시는 분들은 유레카의 희열을 맛보기 위해 도전해 보고 싶지 않는가?

결론적으로 공부는 혼자서 하는 것이다. 단지 학교와 선생님은 그것을 돕는 역할을 하는 것이다. 학교를 다니지 않고도 공부할 수는 있어도 학교 다니는 것만으로는 공부할 수 없다는 말을 하고 싶다.

영어 - 너무 많이 들었더니 잘 안들리더라?

학생들은 학생들대로, 직장인은 직장인대로 영어가 원수가 될 정도로 자기를 괴롭힌다고 느낄 것이다. 영어 잘하면 유능한 사람, 영어 못하면 무능한 사람으로 인식될 정도이며 직장에서는 입사 및 승진에 있어서 일정수준의 TOEIC 점수나 G-Telp 등급을 요구하고 있다.

또한 유학에 있어서는 TOFEL 성적은 거의 필수가 되어 있다. 어떻게 하면 영어 스트레스로부터 자유로워 질 수 있을까? 여기서 필자의 영어공부 역사를 잠시 소개한 뒤 바람직한 영어공부 방법을 제시해 보기로 하겠다.

필자의 외국어 능력은 고시 도전 직전이 최고였던 것 같다. 직장을 그만두고 89년 상반기에 처음 치른 TOEIC 시험에서 705점을 득점했고 두 번째 시험에서 795점을, 그리고

89년 10월경에 치른 세 번째 시험에서 890점을 득점했다. 그 후에는 TOEIC 시험을 치지 않았다.

90년엔 TOEFL 시험을 쳐서 맨처음 550점, 한달 뒤 동일한 550점, 6개월 쯤 뒤인 세 번째에서 610점을 득점하고 TOEFL도 명예롭게 졸업(?)했다. 그 뒤 고시에 도전한 뒤 영어점수는 1차에서는 7, 80점대를 오르내렸고 2차에서는 맨처음 51점부터 시작하여 이번 시험에서는 80점(최고 득점수준)을 득점한 바 있다. 이 정도면 부족하나마 국내에서 요구하는 모든 기준을 충족한 것 같은 느낌이 든다. 그렇다고 내가 미국인들처럼 유창한 영어를 구사하는 것은 아니다. 오히려 6년간의 고시 기간 동안 회화는 잊어버려 안타깝기도 하다.

그러면 어떻게 해서 그 정도에 이르게 되었는가? 왜 외국어를 시작했는가는 이 책의 다른 부분에서 밝혔으므로 여기서는 생략하고 어떻게 공부했는지만 밝히기로 한다.

회화는 다음과 같은 교재들로 공부했다.

기초 회화교재

English 900

New Horizon English (5권, Tape 약 20개 정도)

Side by side (3권, Tape 약 12개 정도)

중고급 회화교재

New English Course (6권, Tape 72개)

Michigan Action English (6권, Tape 48개)

New Technology English (7권, Tape 48개)
Spectrum (6권, Tape 개수 생각 안남)

기타 회화교재
TOEFL L.C Tape 다수
TOEIC L.C Tape 다수
조선소 기술관련 영어 교재 및 Tape
AFKN 방송, VOA 방송

　회화는 맨처음 부산 Y외국어 학원에서 기초 과정을 수강하면서 시작했다. 강사는 한국인이었으며, 그때 선생님의 성함은 이태혁 선생님으로 훌륭한 선생님이었던 것으로 기억한다. 그 수업을 들으며 테잎를 복사하여 매일 출퇴근 시간에 버스안에서 듣곤 했다.
　그후 English 900 Tape를 빌려 듣기도 했다. 그러다가 부산 E학원에 다니게 되면서 Side by Side로 시작해서 중고급 회화과정을 거쳤으며, Michigan Action English는 선배가 가지고 있던 것을 빌려서 1권에서 6권까지 빈칸 하나 남겨두지 않고 받아 쓰기를 했다. New English Course 와 Spectrum 은 회화 테잎 대여점에서 빌려 들었고, New Technology English는 당시(89년) 거금 40여 만 원을 들여 직접 구입해서 들었다.
　회화는 단순히 학원만 열심히 쫓아 다닌다고 늘지 않는다. 학원 수강과 함께 끊임없이 반복해서 테잎를 듣고, 따라서 하고 그것을 학원에서나 외국인 친구에게 실습해 봐야 만이 실력이 향상된다. 필자도 위에서 언급한 테잎을 모두 최소한 5번 이상은 들었으며 그 과정에서 휴대용 카세트 3개가 박살이 났다. 그 와중에 청력에 이상이 생겨 가는 귀가 약간 먹었다. 학원도 약 2년 이상 다녔으며, 외국인 친구도 그때 사귀었었다. 피나는 노력의 결과, 중학교 2학년 수준에서 TOEIC 890점의 수준으로 점프할 수 있었다.

문법은 성문 기초영문법, 성문 기본영어, 성문 종합영어, Academy TOEFL, 고시TOEFL, 박태호 고시영어가 내 교재들이었다.

문법은 회화실력이 중급에서 고급으로 넘어갈 때쯤부터 시작했다. 어느 정도의 의사소통이 가능해지자 좀더 정확한 영어를 구사하고 싶었고 그래서 공부한 것이 성문 영어 시리즈다.

남들은 중고등학교때 지겹게 보는 것을 나는 그때 처음 보았다. 다 늙어 성문기초영어를 보는 나에게 참으로 많은 이들이 쯧쯧하며 혀를 치곤 했다. 부산 E학원의 모든 과정을 마치고, 서울에 와서 E학원에 다닐 무렵 문법 공부를 비로소 시작했다. 처음 TOEIC 시험을 보았을 때 705점 정도밖에 못 맞은 이유가 문법 실력이 부족했기 때문이었다.

그렇게 문법을 공부해가자 TOEIC 점수가 쭉쭉 올라 갔고, 내가 구사하는 영어도 어느 정도 정확해져 갔다. 문법에 강하고 회화나 듣기에 약한 일반적인 경우와는 정반대의 현상을 경험했던 것이다.

그후 TOEFL을 공부할땐 'Acamedy TOEFL'을 2~3번 보았고 고시를 시작한 뒤 '고시 TOEFL'이란 책과 '박태호 고시영어 객관식 문제집'을 2~3번씩 풀어본 것 같다. 이것들이 고시영어 1차에서 75점 전후의 득점을 꾸준히 할 수 있었던 나만의 비법인 것이다.

영작문 교재는 영작문 연구(최종우 편저), 시사영어사 영작문 시리즈 9권 중 중급(4권)·시사(6권)·고급(8권), 고급 영작문연구(정명진 저), 고급 영작문(방송대) 등이다.

영작문을 최초로 시작한 것은 1989년에 서울 H학원에서 영작문 강의를 들으면서부터였다. 최종우 선생의 저자 직강이었는데 영작문의 기초 형성에 많은 도움을 받은 것 같다.

그후 고시를 시작하고서 시사영작문 시리즈중 세 권을 보았고 '고급영작문연구'와 '고급영작문'을 보았다. 위의 교재 중 권할만한 것은 기초 과정은 최종우 선생의 '영작문 연구'이고 중·고급은 '시사영어사 시리즈'물을 권하고 싶다. 참고로 해석이 잘된 독해교재를 사용하여 우리말 해석을 거꾸로 영작해 보는 방법도 좋은 방법일 것 같다. 지난해 겨울 '하명남 영문해석'이란 책을 가지고 거꾸로 영작하는 연습을 꽤 해봤는데 올해 2차시험의 영어에서 80점이란 고득점을 하는데 상당히 기여한 것 같다.

독해는 그저 많이 읽는 방법뿐 특별한 비법은 없다. 독해력 향상을 위해 시사 주간지 TIME과 NEWS WEEK를 각각 2년씩 정기구독 했고, Economist를 가끔 사 보았으며 시사영어연구도 2년간 정기구독했다. 영자 일간지 Korea

Herald, Korea Times 등도 때로는 정기구독을 하거나 가판대에서 사 보기도 했다. 독해력 향상을 위한 책으로는 영어 순해(고려원), Reading Work Shop(거로출판사), 하명남 영문해석(명남사) 등을 보았다.

　어휘력 교재는 Vocabulary(이하 Voca) 22,000, Voca 33,000, Word Power made Easy(Norman Luise), Voca Workshop(거로출판사) 등이다.

　Voca 22,000과 Word Power는 고시를 시작하기 이전에 영어공부를 하면서 보았던 책이었고 Voca 33,000과 Voca Workshop은 고시공부를 하면서 보았던 것이다. Voca 22,000과 Word Power는 대학생들에게 권하고 싶은 책이다.

　바람직한 영어공부를 위한 제언을 하자면 어떤 목적으로 영어를 공부하느냐에 따라 공부방법이 달라져야 하겠지만, 고시영어를 공부하지 않는 이상은 회화 위주로 공부를 해야 할 것이다. 그것을 위해 첫째, 테잎을 많이 반복해서 들으며 따라서 해봐야 된다. 둘째는, 그것을 학원이나 외국인을 만나 실습해야 한다.

　셋째는, 영어의 생활화다. 영자신문을 보고, TV는 AFKN이나 Cable TV 채널 중 Arirang TV같은 영어만 전적으로 듣고 볼 수 있는 프로그램을 시청하고 가능한한 사고방식을 영어처럼 하도록 노력해야 한다. 넷째, 문법은 회화가 일정 수준에 도달할 때까지 신경쓰지 않는 것이 좋다. 외국인 공포증이 없어지고 의사 소통이 어느 정도 가능할 때까지는 문법책은 보지 않는 것이 좋다. 회화 실력이 중급에서 고급 단계로 접어들 때쯤 문법을 공부하면 정확한 표현을 익히는 데 상당히 도움이 될 것이다.

다섯째, 실력이 향상되어가면 어휘력 빈곤현상을 느끼게 될 것이다. 그것을 해결하기 위해서 평소 영자신문이나 잡지를 구독하며 어휘력을 늘려 가야하고, Voca 2,200이나 Word Power 등을 통해 기초를 다지는 것도 괜찮은 방법이다.

위의 다섯가지 요건중 첫 번째와 두 번째는 당장에 실시해야 하고 나머지 세가지는 자신의 실력 향상에 따라 순차적으로 해나가면 될 것이다.

명심할 것은 영어공부는 엄청난 시간과 인내, 그리고 엄청난 열정을 필요로 한다는 것이다. 어린애가 모국어를 배우기 위해 얼마나 많이 듣고, 흉내내는지를 생각해 보라. 하나의 언어를 배운다는 것은 그만큼 정신적 그리고 시간적 인내를 필요로 하는 것이다.

마지막으로 영어공부에는 시간, 돈, 노력이 동시에 투자되어야 한다. 이 세 가지를 투자해서 결국 공부는 혼자서, 학원이나 외국인 친구는 그것을 실습하는 활용의 장으로 활용해야 한다.

일본어 – 무에서 유를 창조하다

흔히 일본어는 외국어도 아니라고들 한다. 그만큼 쉽다는 뜻일 것이다. 사실 어순이 우리말과 같고, 한자의 의미 또한 몇몇 예외를 제외하고는 동일한 의미로 쓰이므로 우리에겐 상당히 배우기 쉬운 언어임에는 틀림없다.

그러나 반드시 그렇지 않은 면도 있다. 모든 언어는 최고급 수준으로 올라갈수록 상당한 어려움에 봉착하게 된다. 단계, 단계마다 어려움은 있지만 고급 수준으로 올라갈수록 포괄적인 상식과 다방면에 걸친 다양한 어휘력이 뒷받침되지 않고는 이해할 수 없는 것들이 많아지기 때문이다.

우리가 고등학교때 고전을 배우지 않으면 '훈민정음'을 제대로 해석할 수 없듯이 일본어 또한 고급수준에 올라가면 분야에 따라서, 시대에 따라서 이해할 수 없는 문장들을 만

나게 된다. 그러나 적어도 일상회화 정도에서 쓰이는 일본어는 분명히 우리에겐 영어와는 비교도 안 될 정도로 쉬운 것은 사실인 것 같다.

일본어가 쉽다는 생각에 외무고시를 시작한 두 번째 해인 92년 처음으로 일본어 공부를 완전한 백지상태에서 시작했다. 맨처음 '박성원 표준 일본어 해설판'으로 시작한 일본어 공부는 그 뒤 92년 6개월 정도, 93년 3개월 정도, 94년 10개월 정도를 공부해서 94년 2월 외무고시 2차에서는 과락을 맞았고 95년 2월 외무고시 2차에서는 70점이라는 성공적인 점수를 맞았다.

96년 행정고시 국제통상 2차(96년 7월)에서 특별한 수험준비 없이 58점을 득점했으나 정작 96년 7월부터 97년 6월까지 열심히 공부하고 준비해서 치른 시험은 문제가 워낙 어렵게 출제되고, 채점 또한 까다로와서 50.66점이란 비교적 저조한 점수를 받았다. 그것은 나에게는 몹시 불만스러운 점수였다. 애초의 일본어 점수 목표는 75점을 목표로 하였고, 그것을 위해 일본인 친구로부터 일주일에 한 번씩 특별 지도까지 받았기 때문이었다.

어떻든 지금까지 일본어를 총 30개월 이상 공부했으며, 현재의 일본어 실력은 어느 정도의 의사소통은 할 수 있을 정도의 회화실력에, 독해는 일본어 원서를 보는데 지장이 없을 정도이고, 작문은 우리나라 신문 사설 정도의 문장은 별 어려움없이 일역 할 수 있다. 학원을 다니면서 했다면 조금은 수월했을 것이지만, 고시준비 기간에는 학원에 다닐 수가 없었다.
지금까지 공부해온 교재들을 소개하면 다음과 같다.

기초 교재- ( )은 출판사 이름.
박성원 표준일본어 1, 2권 (진명)
나가누마 표준일본어 1권 (시사일본어사)
시사 일본어교본 下 (시사영어사)
Standard Action Japanese 50 1, 2권(시사일본어사)

중급 교재
중급 일본어 1, 2 (다락원)
시사일본어 독해력1 (시사일본어사)
Standard Action Japanese 50 3권 (시사일본어사)

고급 교재
고급일문해석연구(법문사)
국제정치경제의 기초지식(일본어원서)
Newsweek 일본어판
아사히 신문

어휘 교재
일본어 Voca 22,000 (진명)
일본어 교육연구회편 일본어 Voca (진명)
일본어 Voca (정진)

한자 읽기
秘法(비법) 일본어 한자읽기 (정진)

문법
표준 일본어 문법 (진명)

나의 일본어 공부 방법 또한 영어와 유사한 점이 많았다. 단지 고시를 시작하고 나서 일본어를 시작했기에 회화 위주가 아닌, 번역과 작문 위주의 공부였다는 것이 차이점이다.
책을 구입할 때 가능한한 녹음 테잎을 같이 구입해서 공부하는 틈틈이 그것을 반복해서 듣는 것이 최상의 방법 같았다. 그리고 잠이 오지 않을 때는 일본어 테잎을 틀어놓고 잠을 청하면 테잎 한 개가 거의 끝날 때 쯤 잠이 들곤 했다. 어느 외국어나 마찬가지이겠지만 가능한한 많이 읽고, 따라서 하는 것 외에는 특별한 비법이 없다.
일본어 작문은 특별히 좋은 교재를 발견하지 못했다. 하는 수 없이 택한 방법이 일본어 독해 교재의 해석을 거꾸로 일역하는 방법이었다. 이 방법은 94년 외시를 준비할때 함께 공부하던 고문희 씨와 개발한 방법이다.
그 뒤에도 줄곧 같은 방법을 택했다. 당시에 그런식으로 작문해 보았던 교재가 'Standard Action Japanese 50 3권'과 '다락원 중급일어 2'였고, 97년에는 우리나라 신문사설을 번역해서 일본인 친구에게 교정을 받으며 작문을 연습했다.
일본어 공부는 영어와는 달리 회화로 시작하든, 문법을 먼저 시작하든 별 관계가 없는 것 같다. 그 이유는 영어처럼 복잡한 문법이 없으며, 어순이 같기 때문에 생각한 것이 비교적 쉽게 말로 표현되기 때문이다. 그러나, 어느 외국어에서도 공통적으로 존재하는 외국인공포증을 해소하기 위해서는 일본어 회화학원에 다니거나, 일본인 친구를 사귀는 것이 바람직하리라고 본다.

암기 - 두뇌는 크고 외울건 많다

암기는 분명히 체계적 이해가 우선되어야 하는 것이 정석이다. 어떤 공부를 하든 체계적으로 이해하고, 이해가 되었을 경우 반복적으로 읽고 확인하면 자연적으로 암기가 된다. 그러나 예외적으로 이해와 관련없이 단순히 무조건 외워야 하는 것들도 가끔 있다. 그런 사항들을 암기하기 위해 내가 사용했던 몇가지 방법들을 소개 하고자 한다.

소리내어 읽어보기 -
외국어 학습에 있어서 가장 효과적인 방법은 남의 이목을 신경쓰지 않고 책을 소리내어 반복해서 읽는 것이다. 교과서 수준의 문장은 몇번 소리내어 읽으면 거의 외워진다. 단순히 소리내어 읽기가 싫을 경우는 관련 테잎을 구입하여 반복해서 들으며 외운다. Voca 22,000을 공부할때도 테잎이 늘어져 소리가 이상해질 정도로 반복해서 들으며 외웠다.

녹음 -

영어, 일어 등의 외국어 단어 및 구문 중 빨리 암기가 되지 않는 것과 정치학에서 정치인 및 정치학자의 명언과 저서명 등은 내 목소리로 녹음해서 잠자기 전 또는 휴식시간에 반복해서 들었다. 처음 녹음기에서 자기 목소리를 들을 때는 굉장히 쑥스럽고 낯설게 느껴진다. 하지만 자꾸 들으면 그런 느낌이 없어진다. 반드시 암기해야 될 사항들이 암기되지 않을 때 사용할 수 있는 가장 좋은 방법이다.

머릿 글자 따기 -

외워야 할 항목이 10개 미만의 짧은 것일 경우에는 두머릿 글자를 따서 외우는 방법이다. 예를 들어 19세기 조선이 외국과 외교관계를 맺은 순서를 외우는 방법은 일본, 미국, 영국, 독일, 이태리, 러시아, 스페인의 순서에서 이·미·영·도·이·러·서 하는 식으로 앞 글자를 따서 외우면 매우 쉽게 외울 수 있다.

'이미영이라는 여학생에게 일어서' 라고 말하는 장면을 생각하면서 외우면 누구라도 쉽게 외울 수 있다. 국제법 공부에서 주로 이런 방법을 사용했던 바, 1차에서 97.5점, 2차에서 67.33점이라는 썩 괜찮은 점수를 얻었다.

긴 것은 외울 항목이 여러개 일때는 머릿 글자를 따서 거기에 운율이나 리듬을 붙여 외우는 방법이 있다. 외무고시 국제사법 공부때 이용했던 방법인데, 당시엔 2차 시험때 시험장에서 참고할 수 있는 소법전이 지급되지 않았기 때문에 생각해낸 방법이었다. 섭외사법(국제사법)은 전체 조문이 46조로써 조문의 순서 및 내용을 외워 두면 답안 작성시 매우 유리할 것 같아서 46조 표제의 첫 자를 순서대로 따서, 거기에 가장 쉬운 노래인 '새마을 노래'의 리듬을 붙여 외웠다. 1조는 목적, 2조는 본국법, 3조는 주소, 4조는 반정이었는데, 다음과 같이 원래 가사 대신, 첫 글자를 붙여 외웠던 것이다. 목 본 주 반 사 능 금 실 성 범 이 물 정 양 …
　　(새 벽 종 이 울 렸 네 새 아 침 이 밝 았 네 …)

　이밖에도 영어 단어 암기에는 어근 학습과 어근 분석에 의한 단어 암기를, 역사 과목에서는 역사적 사실의 인과 관계 파악을 통한 암기방법 등을 사용해 보았다.

2부

숲에는 두 개의 길이 있었다

나는 아기 머슴
어머니, 이름만으로도 슬픈 당신
비스마르크가 보여준 꿈
지도책으로 세상을 배우다
팔자대로 살라던 아버지
소금 도시락을 추억하며
우리집은 늘 IMF시대처럼 살았다
빛이 있으면 그늘도 있더라
꼴찌가 아름다운 이유
냉혹한 현실로 내몰리다
학교가는 학생들이 부럽던 시절
첫사랑은 누구에게나 쉽지 않다
청운의 꿈을 안고 서울로
목욕탕에서 운명이 바뀌다
방황의 끝과 도전
삭발이 주는 위안
그러나 잊혀지지 않는다
외로워도 혼자 가야 할 길
가까이 하기엔 너무 먼 고시
실패는 오기라는 자식을 낳는다
암기는 리듬을 타고
콧물과 눈물이 범벅 된 95년 외시
막노동판과 와신상담
오직 고시뿐이다
뜻이 있는 곳에 길은 있었다
늦깎이 고시생은 무엇으로 공부하는가
돈 이야기
더 이상 좌절은 없다
나, 김종영 드디어 합격하다
그럼에도 불구하고 후회는 남는데
두 가지 꿈

나는 애기 머슴

　전라북도 부안군 보안면 우동리. 이곳은 좌청룡, 우백호, 북현무, 남주작의 수려한 경관이 전형적인 산곡의 적적함과 함께 어우러진 곳이다. 일찌기 반계 유형원 선생께서 초야에 묻혀 실학을 연구하던 그 땅. 한 겨울 세찬 북서풍마저도 비켜가는 고요한 그 마을에서 3백년동안 대를 이어 조상의 터전을 지켜오던 가난한 농부의 7남 2녀 중 여덟번째로 나는 태어났다. 1963년이었다.
　좌절과 고통의 세월이 나를 짓눌렀지만, 그럴때마다 기억나는 어린시절의 추억은 여느 아이처럼 봄이면 뒷동산에서 진달래 꺾으며 뛰놀고, 여름이면 개천에서 물장구치고, 고기 잡고, 나무그늘에서 그네 타고, 가을이면 감, 밤, 산머루 등을 따먹고 겨울이면 얼음 지치기로 하루 해가 짧던 그저 즐겁기만한 어린시절이다.

　나는 그 재미에 취해 제 나이에 학교도 들어 가지 못했을 정도였다. 무엇에도 견줄 수 없는 유년기의 추억을 뒤로 하고 어엿한 '학생'이 된 것은 또래 친구들이 2학년으로 올라 갔던 9살 때였다.

　그당시 나는 한글로 내 이름 석 자도 쓸 수 없었고, 아라비아 숫자에 대한 개념조차 없는 완전 무지의 상태에서 초등학교 1년생이 되었다.

　"하나, 둘, 셋, 넷"구령에 맞추어 어미를 따르는 병아리처럼 사회생활의 기본규범을 배우기 시작했고 1학년 2학기 때쯤 되어서야 비로소 한글과 아라비아 숫자를 깨우칠 수 있었고 내 이름도 제법 또박 또박 쓸 수 있게 되었다.

　그렇게 배움의 즐거움이 나날이 익어 가던 초등학교 3, 4학년때쯤이 되자. 아버지께서는 나도 이제 어엿한 일꾼으로서 역할을 할 수 있게 되었다고 판단하셨다. 형들은 이미 집안의 기둥들로 거의 모든 집안팎 일을 돌보고 있었다. 그래서 밭농사 위주로 일이 많았던 집안일로부터 나라고 예외일 수는 없었다. 학교에서 돌아오면, 어김없이 밭에 나가 잡초 뽑기(당시에는 제초제가 없었음), 뽕잎 따기, 담배잎 따기, 담배잎 엮기 등의 일로 하루 해는 저물었다.

　이런 고된 일은 봄부터 가을까지 계속되었다. 해가 서산에 질무렵에는 소풀 먹이는 일을 해야만 했다. 특히 저만치 공터에서 동네 아이들이 공차며 나를 부를 때는 정말이지 어린 나이에 약이 올라 일하기가 싫어진 적이 한 두번이 아니었다.

"왜 우리 부모님은 우리를 저 애들처럼 놀게 내버려 두지 않으시지?"하는 불만스런 마음에 "아버지 조금만 놀다가 올게요"하고 말씀드리면, "이놈아, 공차면 먹을 것이 나오냐, 돈이 나오냐? 일해야 먹고 산다. 어서 일이나 해라!"하고 말씀하시곤 했다. 이런 우리를 보고 앞집 누나들은 '뒷집 애들은 아들들이 아니라 머슴'이라고 말할 정도였다. 그정도로 우리 형제들은 나이에 벅찬 노동을 하며 힘들게 자랐던 시절이었다.

그렇게 낮에 고되게 일을 하니, 저녁밥을 먹자마자 곤히 잠들어 버리기 일쑤였고 그만 숙제를 못하게 되는 날도 부지기수였다.

아침에 일찍 학교에 가서 숙제를 할 수도 있었지만, 우리 동네 아이들은 아침 일찍 집을 나와 학교와 마을의 중간에 있는 고개 너머 넓은 산 속 공터에 우르르 몰려 놀다 가는 게 습관처럼 되어 있었다. 그러다 보니 나 혼자 학교에 일찍 가는 것은 불가능했다. 노는 데 빠질 나도 아니긴 했지만, 난 정신없이 놀다 보면 어느새 수업시작 시간이 다돼 부랴부랴 가기도 바쁜 순진한, 평범한 시골 아이들 중의 하나였다.

게다가 시계를 가진 학생이 없어서 대충 해를 보고 시간을 판단할 수밖에 없어 가끔 지각하는 경우도 있었다. 이런 생활 환경과 글씨 쓰기를 싫어하는 버릇이 범벅이 되어 초등학교시절 숙제를 제대로 한 적이 거의 없을 정도였다. 그러나 그 결과 엉덩이가 성할 날이 거의 없을 정도로 매를 맞는게 일과처럼 돼버렸다.

 그시절 그렇게 몸에 배인 나쁜 버릇이 두고 두고 나를 괴롭히리란건 생각지도 못했다. 고시공부를 하면서 가장 후회스러웠던 것이 초·중등학교때 숙제를 하지 않고 노트 필기를 하지 않은 것이었다. 그것이 필기속도를 엄청나게 느리게 하여 고시 2차 시험에서 답안지 10매를 꼭 채워 본 적이 없을 정도였다. 그러니 시간에 쫓기여 마음이 불안하고, 또 내가 생각하는 것들을 모두 빠른 시간내에 적을 수 없는 어려움에 봉착하고 말았다.

 어린 시절 한 순간의 안일함에 빠져 본분을 다하지 않았을 때 훗날 인생이 얼마나 힘들어 지는지 몸소 체험을 했다. 언제나 주어진 여건에서 자기의 본분을 다하는 것은 나중에 후회를 하냐 하지 않느냐의 문제가 아니었다. 그것은 인생 문제이다. 오늘의 안락이 내일 열 배의 고통으로 되돌아 온다는 사실을 깨달은 것이다.

어머니, 이름만으로도 슬픈 당신

　우리 집은 논밭이 약 1만평, 임야 1만평 정도를 가진, 외형적으로는 제법 부유한 농가였다. 그러나 너무 어린 나이라 제대로 기억할 순 없지만(2살때 정도) 둘째 형님이 병으로 당시 전주에 있는 종합 병원에 3년간 입원해 있었다고 한다. 어머니는 당시 젖먹이인 나를 업고 매일 병원에 드나 드셨고 그런 와중에 정상적으로 농사를 짓는다는 것은 불가능한 상태였다. 결국 눈덩이 처럼 불어나는 병원비를 대지 못해 큰 빚을 지게 되었고, 형님이 퇴원할때쯤 되자 설상가상으로 이번에는 어머니께서 그동안 신체적·정신적인 무리가 심해져 자리에 누우시게 되었다.
　그 여파로 큰 누님은 초등학교 3학년을 중퇴하고 어머니 대신 집안일을 하게 되었다. 내가 기억하는 어머니는 항상 방안에 누워 신음하시는 모습이었다. 한창 엄마의 따뜻한 가슴과 애정이 필요했던 나이였던지라, 그저 어두운 방에만 누워계셨던 어머니가 야속하기만 했다. 하지만, 그때 그 모습이 너무도 선명해 그런 기억들을 되살릴 때마다 눈시울은 뜨거워지고 흐르는 눈물을 참을 수가 없어진다.

엄마의 오랜 병에 지친 아버지는 그후 술을 드시는 일이 잦아졌고, 어린 내 눈에도 아버지는 모든 것을 포기하고 술로 지새우는 것처럼 비쳐졌다. 아버지는 잘못된 일은 모두 어머니와 형들의 책임으로 돌리며 자신의 불행을 잠시라도 잊으려고 애쓰셨다.

어린 시절 우리 집은 빚에 쪼들려 팔 수 있는 재산을 모두 팔았던 가슴 아픈 기억의 연속이었다. 그래도 지금까지 아버님의 재산이 조금(임야, 전답 합해서 8천 평 정도)남아 있는 이유는 애초 그 재산을 구입할 때 아버님과 큰아버님의 약속하에 그 재산들을 세 사람의 이름으로 등기했다가 최근(95년경)에 분할 등기했기 때문으로 알고 있다.

비스마르크가 보여준 꿈

　나는 초등학교 3년때까지는 꿈이 무엇인지도 모르는 철부지, 개구장이였다. 그때의 꿈이란 간밤에 꾸었던 꿈을 이야기 하는 것으로 알았다. 지금 돌이켜 보면 참으로 순진했던 시절이 아니었나 싶다. 어른들이 "장차 네 꿈이 무엇이냐"고 물으시면 간밤에 꾸었던 꿈을 기억해 내느라 애를 먹곤 했었으니까 말이다.
　어린 시절 누구나 그런 경험이 있겠지만 나 역시 '하늘을 훨훨 날으는 꿈', '과수원의 복숭아를 몰래 훔쳐먹다 들켜 사나운 개가 뒤쫓아 오는데 걸음이 떨어지지 않아 안달하던 꿈' 그런 꿈을 꾸며 살았다. 아마도 내가 장래 무엇이 되어야 하겠다는 꿈을 갖게 된 것은 초등학교 3, 4학년 때 부터인 것 같다. 그때부터 학교 자료실에서 가끔 책을 빌려 읽곤 했었는데 유난히 위인전이 내 마음을 끌어 당겨 수많은 책을 섭렵하곤 했다.

 강감찬, 을지문덕, 이순신 장군 등의 전기를 읽을 때는 나도 군인이 되어 조국의 운명을 구하는 위대한 장군이 되어 보고 싶다는 꿈을 꾸었다. 에디슨이나 퀴리부인 등의 전기를 읽으면 과학자가 되고 싶었고, 슈바이쳐나 나이팅게일 전기를 읽으면 의사가 되어 불우한 사람을 돕고 싶은 생각을 해보기도 했다.

 또 링컨의 전기를 읽고는 법률가, 정치가가 되는 꿈을 꾸어 봤다. 그러나 링컨의 전기는 무엇보다도 나에게 어떠한 현실도 참고 견딜 수 있는 용기를 주었다. 한마디로 초등학교 때의 나는 여느 아이와 마찬가지로 헤아릴 수 없는 많은 꿈을 꾸며 살았다.

 그렇게 세월은 가고 중학교에 진학하고 나서 꿈이 차츰 좁혀져 갔다. 아니 현실적으로 변했다는 표현이 적합할지도 모르겠다. 왜소한 체격 때문에 군인으로서는 적절치 못하다는 생각이 들었고, 의사에의 길은 가정 형편상 불가능해 보였다.

 중학교 2학년때 쯤이다. 학교에서 세계사 시간에 알게 된 인물, 독일의 명재상 오토 폰 비스마르크, 선생님이 개략적으로 설명한 비스마르크의 탁월한 외교 정책에 나는 깊은 감명을 받았다. 나는 좀 더 구체적으로 그의 일대기를 알기 위해 비스마르크 전기를 보게 되었고, 그와의 만남을 계기로 외교관이 되기로 마음 먹었다. 꼭 20년 전의 일이다.

그러나 꿈은 꿈, 현실은 정반대였다. 더욱 기울어져가는 집안 살림 때문에 나는 꿈을 가슴에 묻어둔 채 현실의 노예가 되어 당시 내 상황에서 택할 수 있는 최선의 학교였던 그 유명한 국립 부산기계공업 고등학교에 진학하게 되었다.

지도책으로 세상을 배우다

　어린 시절 나에겐 유별나게 두드러진 취미 내지는 습관 하나가 있었다. 초등학교 3, 4학년 무렵이었을 것이다. 당시 형이 중학교에 입학할 때 받아온 교과서중 지도책이 있었는데 무척 낯설고 신기하기만 했다. 화려한 칼라로 온통 물들여진 그것을 펼쳐 드는 순간, 나는 그 마력에 흠뻑 빠져들고 말았다. 그 사회과부도가 시골의 한 촌스러운 소년에게 새로운 세상을 열어 준 것이었다. 틈만 나면 각국의 위치, 수도, 산, 강, 바다 등을 찾아 보고 기후특성, 평균기온, 강수량, 자연자원, 관광자원 등을 파악하는 것이 취미가 되어 버렸다. 시골 촌 아이치고는 좀 고급스러운 취미였다.
　때로는 서해안의 옹진반도와 중국의 산동반도 사이에 거대한 황해 횡단교를 머리속에 설계해 보기도 하고 현해탄에

해저 터널을 뚫어 보기도 하고 우리나라와 지리적 여건이 가장 상호 보완적인 나라를 찾아 그 나라와의 거래 관계를 파악해 보기도 했다. 정말 지도책이야말로 내 어린 시절 모든 상상력의 원천이었으며, 꿈의 현장 이었다. 아마도 뒷날 외교관을 꿈꾸고, 국제통상 전문가가 되겠다고 결심한데는 이런 나의 취미도 중요한 요인이 되었던 것 같다.

그런 나의 취미로 인해 당시 세계 모든 국가의 수도, 주요 특산품, 주요 자원, 주요 하천, 산맥, 그리고 국사 연대표가 모두 내 머리 안에 들어 있었다. 그런 습관으로 인해 초·중학교때 사회, 국사 과목은 항상 장난 같이 쉬웠던 것으로 기억한다.

그러던 중, 중 2때 국사시간에 아는 척 유난을 떨다가 선생님께 된통 혼난 적이 있다. 사건의 시작은 국사시간에 어떤 역사적 사건에 대한 견해 차이로 선생님의 말허리를 잘라 들어 가다가 논쟁이 벌어졌고 마침내 선생님은 "그래, 네가 국사를 그렇게 잘하냐? 너 어떤 문제가 나와도 100점 받을 자신 있냐?"하고 말씀하셨다. 나는 "예"하고 대답했다.

그러자 선생님은 그 다음 시험에서 정말 상상을 초월하는 문제를 출제하셨다. 그때 내가 최고 득점으로 76점을 받았고 6문제를 틀린 대가로 혼자서만 종아리를 6대나 얻어 맞았다. 훗날 고시공부를 하면서 단순히 역사적 사실을 알고 있다고 반드시 100점을 맞는 것은 아니라는 것, 합리적 역사관이 반드시 필요하다는 것을 깨달았다. 아마 그 선생님께서는 내게 그 사실을 일깨워 주시려고 했던게 아닐까?

돌이켜 보면 당시 나는 단순한 사실은 거의 알고 있었으나 역사관에 관련된 문제가 나오자 당황해 6개나 틀렸던 것이다. 즉 역사관이 결여된 채, 암기에만 자신만만해 괜스레 목에 힘을 주었다는 것을 알았다.

이처럼 어린 시절 나는 새로운 것을 좋아하고 흥미가 당기는 것을 보면 시간가는 줄 모르고 빨려드는, 긍정적인 측면으로 보자면 집중력이 뛰어난 그러나 조금은 성급하고 건방진 성격의 소유자였다.

팔자대로 살라던 아버지

　전형적인 순박한 시골 농부셨던 아버지는 과거부터 전해져 내려오던 일을 단 한 치도 변함없이 그대로 답습하시는, 유교적 전통에 찌든 보수적인 분이시다.
　보편적으로 남에게 잘하는 사람들이 자기 실속이 없고 가족에게 그다지 좋은 가장이 되지 못하듯이, 우리 아버지 또한 마찬가지셨다. 친구분들에게 막걸리 한 잔은 흔쾌히 사도 당장에 아들의 학용품이나 공납금에는 관심이 없는 그런 어른이셨다. 몰락한 양반집 막내 자제로 태어나신 아버지는 천성이 순박하셨다. 아버지께서는 만년 서생이신 할아버지의 슬하에서 양반의식이 찌든 채 성장하셔서 그런지 농사일을 잘하시는 편은 아니셨다. 게다가 이해타산에도 어두우신 분이셨다.

아버지의 교육관은 한마디로 방관론(도교의 무위자연사상과 비슷하다고 보면 될 것이다)으로 운명론, 잡초론, 송충이론, 명당론 등으로 요약될 수 있을 것이다.

아버지는 인간은 타고난 재능으로 인하여 교육과 상관없이 운명적으로 살아간다고 믿고 계셨다. 즉 뛰어난 인재는 그냥 놔둬도 결국 정승, 판서가 되고 둔재는 아무리 가르쳐봐야 결국 범부가 된다는 것이었으며 그러한 예로 주변의 몇몇 사람의 예를 드시곤 하셨다. "아랫마을 아무개 경찰서장은 보통학교(초등학교)밖에 못나왔어도 서장이 되었고, 뒷마을 아무개는 대학을 졸업하고도 실업자 신세를 면치 못하고 있다"는 것이 그것이다.

두번째는 잡초론으로 화단의 예쁜 화초보다는 산하의 이름없는 잡초가 생명력이 더욱 강하다는 것이었다. 세번째는 송충이론으로 송충이는 솔잎을 먹어야 산다고 하셨다. 이는 운명론, 숙명론과 관련된 것으로 사람은 자기가 태어난 바탕에서 인생을 살아야지 그 영역을 벗어나면 살 수 없다는 것이었다.

이러한 아버지의 교육관과 어머니의 와병으로 인한 가정형편 때문에 우리 형제 7남 2녀 모두 정상적인 교육을 받지 못했다. 큰 형은 중졸, 둘째 형은 초등 졸, 세째 형은 초등교 중퇴(3학년), 넷째 형은 중 졸(후에 방통고 졸), 다섯째 형은 초등 졸 후 4년만에 중학교 입학했고 군 제대후 상고 졸업, 큰 누나는 초등교 3년 중퇴, 작은누나는 초등 졸, 동생은 고졸 후 도일, 유학(고학)으로 대졸. 9명의 형제중 고등학교를 졸업한 사람은 나와 동생 뿐이다.

아버지의 그런 교육관은 아버지가 살아온 인생의 산물이었다. 아버지는 일제침략기인 1918년에 출생하셨는데, 그 해는 일제의 토지조사가 완결되던 해였다. 임진왜란때 의병장을 지내셨던 13대조 할아버지의 종손이셨던 할아버지는 문중 재산을 일본에 강탈당하고 홧김에 개인 재산마저 재판비용과 도박으로 모두 날려 버리셨다.

아버지는 해방때까지 소작농으로 힘겨운 청장년기를 거치면서 학문보다는 토지에 대한 애착이 강해 졌고, 일본 식민치하에서는 교육을 아예 받지 못하게 한 할아버지의 보수적 성향으로 한문을 조금 읽은 것이 아버지의 교육의 전부였다.

나중에서야 들은 이야기이지만 할아버지의 유언이 '자식 교육때문에 전답을 파는 일은 하지 말라.'는 것이었다. 그래서 아버지는 자식들에게 학교 공부보다는 '효'나 '선' 등 인성교육을 늘 강조하시게 되었다.

그런 영향으로 나를 제외한 우리 형제는 주위사람들로부터 '착실한 사람'이라는 평을 듣게 된 것이다. 나도 집안에서는 유별난 녀석으로 통할 정도로 모난 데가 많지만, 그래도 보편적인 기준에 비추어 이를 테면, 사회평균치를 기준으로 한다면 제법 착한 사람이라고 생각한다.

결론적으로 아버지의 교육관에 대해선 불만이 많지만, 착하게 살라고 가르치신 아버지의 가정 교육에 대해서는 항상 감사하는 마음을 가지고 있다.

소금 도시락을 추억하며

　나의 초·중등학교 시절을 아픈 추억들로 멍들게 한 경제적 어려움은 한 두가지가 아니었다. 초등학교 시절 크레파스 하나 사지 못해 미술시간 내내 벌을 받거나 보이지 않는 하늘만 쳐다보던 기억. 당시 100원, 150원하던 육성회비를 못내서 항상 난처한 입장에 빠졌던 일, 중학교 2학년때는 전교생 3백 여명이 모두 가는 수학여행을 나 홀로 갈 수 없었을 때 텅 빈 교실 한구석에서 울어버렸던 일.
　중학교 2학년 말 1, 2, 3, 4 분기 등록금 전액을 체납하여 담임 선생님과 심하게 다투고는 책가방을 던져 버리고 학교를 나와 집에 오면서 흘리던 눈물. 그런 일들을 떠올릴 때마다 지금도 가슴 한구석에서 뜨거운 뭔가가 복바쳐 올라 나도 모르게 눈시울을 적시게 된다.

그때 아마도 선생님들이 나를 오해했던 것 같다. 겉보기에 그런 대로 사는 집 아들처럼 보였고, 주변 아이들의 이야기를 들어 봐도 우리집이 가난하지는 않다는데, 내가 혹시 등록금을 받아서 엉뚱한 데 써 버린것이 아닌가 하는 의심을 한 적도 있었던 모양이다. 그래서 당시 담임선생님은 나를 양심도 없는 불량학생으로 매도하셨던 기억이 난다.

하지만 눈물나는 기억만 있었던 건 아니다. 초등학교 5학년 때로 기억하는데 '소금도시락' 사건이 있었다. 집안 형편이 뻔했던 나는 도시락 반찬으로 계란부침은 고사하고 김치만 있어도 좋았다. 그런데 그날 내 도시락 반찬이 소금이었다. 흔히 삼겹살을 찍어 먹는 그런 소금에 고추가루, 기름을 섞은 양념장이었다.

내 짝은 너무 놀라 나를 빤히 쳐다 보았다. 그 친구도 나 못지 않게 가난했고 변변치 못한 반찬때문에 투정을 부리던 아이였다. 그런데 내 반찬을 보더니 "야, 어쩜 내 반찬보다 못하냐"며 놀라는 것이었다.

하지만 난 아무렇지도 않았다. 입는 것, 먹는 것은 아무래도 상관없는 것들이었기 때문에 그 친구의 반응이 난 더 놀라웠다. 허나, 어찌 자랑스러운 추억이랴. 잊고 싶지만 잊혀지지 않는 쓴 웃음이 나오는 기억일 뿐이다.

우리집은 늘 IMF시대처럼 살았다

어렸을 적 우리집은 근본적인 원인은 달랐지만 IMF 구제 금융 신청 직전의 우리나라 상황과 흡사했다.

빚이 얼마나 되었는지, 정확한 액수를 아버지도 어머니도 모르는 지경이었다. 계속되는 우환과 무계획적인 삶의 대가로서 감당할 수 없을 정도의 빚을 지게 되었고 그로 인해 많은 전답이 남의 수중에 넘어갔다. 마지막 남은 것은 큰 집과 공동 소유로 되어 있던 선산 지분을 개간한 논밭이 약 4천평 정도. 아버지는 그것이라도 알뜰히 경작하는, 성실하고 실리적인 사람은 못되셨다.

그저 되는대로, 그때 그때 즉흥적으로 일을 처리하고 불합리한 관습에 얽매여 타산에 맞지 않는 일만 하고 순박하기만 해서 실리를 챙기지 못하고, 뒷날 남 원망하기를 좋아하는 그런 성격이셨다. 삶의 의욕을 잃고 일하기를 점차 싫어하셨으며, 수지타산이 전혀 맞지 않는 일만 골라서 하시는 것처럼 보였다. 그런 상태에서 교육에 관한 최소한의 열의마저 없으셨으니 정상적인 교육을 받은 형제들이 하나도 없을 수밖에 없었다.

그런 위기 상황에서 아버지의 대처는 꼭 1997년 대통령 선거 이전의 우리나라 정부와 같았다. 과감하게 재산을 큰 집과 분할해서라도 빚을 정리하고 조금 남은 재산이마나 실속있게 사용하고, 열심히 일해서 어려운 상황을 극복해 보려는 시도를 하지 않았던 것이다. 꼭 빚을 내어 빚을 갚고, 이자가 불어나서 도저히 어쩔수 없는 상황이 되면 도회지에 나가있는 형들에게 빚을 갚아달라고 호소하고(IMF 구제 금융)… 정말 부끄러운 이야기지만 어려서부터 최근에 이르기까지 우리집 환경이 그러했다.

우리 형수님들은 아버지에 대한 불만들이 많다. 나 또한 형수님들의 그런 심정을 충분히 이해한다. 아버지 빚 갚아주고, 시동생들 결혼시키고, 부모님 생활비 보내드리고, 몇 푼 저축하기가 무섭게 새로운 부담을 떠맡게 되는 형님, 형수님들 얼마나 힘들었을까. 그 고충을 알기에 나는 공부하는 기간동안 내 사정이 절박해도 큰 도움은 요청하지 않았던 것이다. 오히려, 내가 집안일을 잊고 스스로의 문제만 생각할 수 있게 해준것만도 정말로 감사할 따름이다.

지금와서 생각해보니 어린시절 우리집은 흡사 요즘의 우

리나라와 같았다. 그러나 형들은 아버지에게 개혁을 강요할 수 없는 위치에 있었다는 점이 다르며, 그 다른 점 때문에 우리집은 개혁의 전기를 마련하지 못한 채 언제나 변함없이 어렵기만 했다.

빛이 있으면 그늘도 있더라

　어려웠던 집안 살림은 중학교 2학년 때까지 집안일을 도맡아 하던 셋째 형님이 결혼문제로 아버지와 다툰뒤 서울로 떠나면서 더욱 더 어려워졌다. 처음에는 형의 서울행을 흔쾌히 허락하셨던 아버지는 막상 형이 떠나자, "너 하나 믿었는데 너마저 떠나면 나는 어떻게 하라고... 불효 막심한 놈!!" 하고 탄식하시며 농삿일은 뒷전으로 미뤄 놓고 술로 세월을 지새는 일이 많아 지셨다.
　그당시 우리 집이 마늘 농사에 꽤 많이 투자를 했었는데 때마침 마늘값이 폭락하고 주업이었던 양잠 농사마저 실패해버린 터라 빚에 쪼들린 형편이 더욱 악화되어만 갔다. 그런 상황에서 내가 고등학교를 못가는 것은 기정 사실화 돼 갔다.

따라서 진학을 못하는 내 처지가 그렇게 서럽게 여겨질 수 없었다. 아무런 대책없이 그저 학교와 집만 왔다 갔다하며 집안일을 돕고 있던 나에게 중3 가을, 한줄기 빛과 같은 소식이 들려 왔다.

당시 특수목적 고등학교로써 랭킹 1, 2위를 다투던 부산기계 공업고등학교의 입학 안내서를 받게 된 것이다. 부산기계공고는 고교로써는 최초의 국립학교로, 수업료가 면제되고 기숙사 시설이 완비되어 있었다. 이 학교는 당시 박정희 대통령의 특별한 관심속에 중화학공업 육성을 위한 인재 양성의 필요성에서 설립된 학교였다. 입학 자격은 출신 중학교 내신성적이 상위 10%안에 드는 학생으로 학교장 추천을 받아, 다시 본고사를 치르면 되었다. 그래서 최종 선발자는 내신 5% 이내의 제법 똘똘한 아이들로 구성되었다.

가난은 했지만 공부를 잘하던 나는 인문계를 갈 수 없다는 충격에서 쉽게 벗어날 수 없었다. 하지만 학교는 어쨋든 다녀야 했다. 부산기계공고는 무엇보다 가난에 시달리던 나에게는 수업료 걱정에서 해방될 수 있어 일단 원서를 제출하기로 마음먹고, 같은 반의 단짝이자 항상 1, 2등을 다퉜던 영택이와 부산으로 갔다. 정문에 들어선 순간 학교의 아름다운 조경과 엄청난 시설 규모에 압도 되어 입이 저절로 벌어졌다. 웬만한 대학을 능가하는 규모와 첨단 시설을 보고, 우리는 우리가 정말 좋은 학교에 오게 되었다고 생각했다.

1차 서류 전형과 2차 본고사 및 면접을 치르고, 기다리던 합격자 발표가 나고 얼마 안있어 10. 26 사태가 발발했다. 그

해가 바로 1979년이었다.
  우여곡절끝에 들어간 학교는, 그러나 제 5공화국이 들어서면서부터 분위기가 조금씩 바뀌기 시작했다. 어느날 갑자기 고교내신제가 시작되고, 실업고등학교 교육 정상화라는 명목하에 실업계 고등학교 3학년생의 진학반 특별수업을 전면 폐지시켰다.
  이로 말미암아 막연하게나마 꿈꾸어 오던 대학 진학의 길은 더욱 아득해져 버렸다. 그렇다 할지라도 그때 이를 악물고 공부했더라면 길은 있었을 텐데, 그때 내가 너무 쉽게 포기해 버린것 같아 지금도 후회스럽기 짝이 없다.

꼴찌가 아름다운 이유

　현실에 떠밀려 어쩔수 없는 선택으로 진학했지만, 그래도 일단 들어온 만큼 최선을 다해 유능한 기술자가 되보겠다고 다부지게 마음을 먹었다. 그러나 그런 꿈도 잠시, 현실은 아주 냉소적인 것이었다.
　1학년 1학기 총 36시간의 수업시간중 21시간을 차지하는 기초 실습에서 호루라기 소리에 맞추어 혼신의 힘을 다해 줄질을 했지만 실습 결과는 60명중 최하위인 4명에게 주어지는 아름다운 '미'를 기록했고, 그다음 단위수가 높은(3단위) 기계제도에서 역시 '미'. 이렇게 되니 상위 5% 정도의 엇비슷한 수준의 동류집단에서 다른 차이가 없는 한 꼴찌는 예약된 것이었다. 결과는 수치로 표현하면 중간고사 59등, 기말고사 57등이었다.

그 시절의 좌절감은 아마도 외무고시 2차에 떨어졌을때와 비슷한 수준이었을 것이다. 어쩌면 어린 나이라 그 좌절감은 더 컸을지도 모른다. 그제서야 적성에 맞지 않는다는 것을 깨달은 나는 자퇴를 신중히 고려해 보기도 했고, 서울로 가서 구두닦기나 목욕탕 때밀이라도 하며 독학을 해볼까도 생각해 보았다.

그러나 그건 생각 뿐이었다. 나의 우유부단한 성격과 아울러 늘 걱정하시는 어머님, 형님들 또 그런 행동을 했을때 입학 당시 신원보증을 섰던 사촌형님들에게 돌아갈 피해를 생각하니 차마 그럴 수 없었다. 나하나 꾹 참으면 되는 문제를 괜스레 내가 사랑하는 이들의 가슴을 아프게 하며 비정상적인 길을 갈 수는 없었다.

마음을 고쳐먹고 다시 학교생활에 적응하기로 마음먹었다. 1학기 성적으로 2학기 때부터 각기 지망하는 과로 가서 실습을 계속하게 되는데 1학기 성적이 꼴찌인 나는 하는 수 없이 가장 인기가 없던 기계과 선반 실습장으로 향했다. 그런데 전화위복이었을까, 선반 실습에는 어느 정도 적응할 수 있었고 그 후로는 실습에서 '미'를 다시는 받지 않았고 성적도 상위권과 중위권을 오르내렸다.

재학중에 선반기능사 2급과 기계제도기능사 2급 자격증을 취득했고 그것으로 동국제강, 대한조선공사(설계실) 등의 공채 및 특채시험에 합격하여 동국제강에 4개월, 대한조선공사에서 병역특례로 5년 정도를 근무하게 되었다.

냉혹한 현실로 내몰리다

　1982년 말경 졸업을 앞두고 예년 같으면 졸업생의 진로가 모두 결정되었을 시점이었지만, 제 2차 오일 쇼크 및 5공 초기의 정치, 경제적 불안속에서 취업 한파에 시달리게 되었고 나 또한 예외는 아니었다. 졸업과 동시에 스스로의 미래를 개척해야 할 나로서는 답답하기 그지없는 때였다. 결과적으로 학교와 계속 연락을 취하며 기다렸던 사람들은 모두 취업은 되었지만, 집안 형편이 어려웠던 나는 계속 멀거니 기다리고 앉아 있을 수만은 없었다. 단 1초도 아깝고 지루하던 때였다.
　그러던 중, 우선 밥벌이라도 하자는 의미에서 고리 원자력 발전소 건설 현장에 가서 막일을 하게 되었다. 이른 아침 동이 트기 전에 7~8명이 한 방에서 지내는 근로자 숙소를 나와 버스를 타고 작업장에 도착하여 아침 체조를 하고 있노라면 멀리 동해바다에서 붉은 태양이 솟아오르곤 했다.
　학교 다니던 시절 해운대 백사장에서 한가로이 일출을 바라보던 것과는 너무도 다른 태양이었다. 같은 태양이라도 내가 처한 위치에 따라 아름답게도, 처절하게도 보이곤 했다.
　1월의 세찬 바닷바람은 내 앞길의 시련을 예고하는 듯 했고 솟아 오르는 태양은 시련속에서 피워야 할 비장한 꿈을 상징하는 것 같았다. 난 지금도 몹시 힘들거나 재충전이 필요하다고 생각되면 바닷가에 간다. 그리고 떠오르는 해를 보곤 한다. 새로운 하루와 새로운 앞날을 보여주는 그 해 앞에서 난 넘치는 힘과 희망을 읽는 것이다.
　그 작업장은 두터운 철판에 드릴로 구멍을 뚫고, 용접하는 어찌보면 기술이라고는 할 수 없는 단순 막노동이었고 그때 일당이 약 6천 원이었던 것으로 기억한다.
　난생 처음 공사판에 가서 일을 하고 남의 돈을 받았지만 '내가 왜 여기 와 있는가, 나는 무엇을 해야 하고, 무엇을 하려는가' 하는 깊은 고뇌가 나를 점점 괴롭게 했고, 결국 그 일은 한 달을 채 버티지 못하고 그만두었다.
　그러던 어느날 학교 직업보도실에서 동국제강이라는 회사에서 추천서가 왔다는 연락을 받고, 시험을 봐 무난하게 합격을 했다. 꿈에 부풀어 1983년 2월 15일부터 출근했지만 그 꿈은 그리 오래 가지 못했다. 그때까지 기능직과 기술직의 차이를 모르던 나에게 그 차이와 또 하나의 차이, 고졸과 대졸의 차이를 너무나도 극명하게 보여준 회사가 동국제강이었다.

고등학교때 조금 부지런히 공부해 선반기능사와 기계제도 기능사 자격증을 취득한 덕에 근무 부서는 동료들이 부러워하는 압연 1과 롤 관리 파트에 배속되었다. 그러나 고졸이라는 멍에로 인하여 내 직급은 관리직도 기술직도 아닌 기능직 5급 사원이었다. 더욱 충격적인 것은 본인 노력 여하에 상관없이 한번 기능직은 영원한 기능직으로 관리직이나 기술직으로는 변신이 불가능한 경직된 조직 구조와 내부 규율을 보고는 암담한 기분이 들었다. 내 앞 날이 뻔하게 보였다. 또 한번의 좌절이 나를 아프게 했다.

그곳에서 하는 일이란 것이 아침에 출근해서 압연공장을 1순회 하면서 롤러의 작동상태를 점검하고 파손부위가 발생하면 보고하는 것이 하루 일과의 전부였으며, 그 밖의 다른 일이 없었다. 시간이 많아 책을 보고 싶었지만 그것은 허락되지 않았고, 그저 별하는 일 없이 시간만 보내는 신세가 되어 버렸다.

야간대학이라도 준비하고 싶었으나 그럴 분위기도 못되었다. 견디다 못한 나는 좀 일다운 일을 찾고 싶었고, 야간대학이라도 갈 수 있는 직장을 구하고 싶었다. 다시 현대중공업 공채시험에 응시했고 동시에 혹시나 하는 심정으로 학교 직업 보도실에도 다시 찾아가 부탁을 했더니 내 조건에 딱 맞는 회사인 대한조선공사를 추천해 주었다. 그런데 두 군데 모두 합격하여 갈등이 생겼다. 제반 조건은 비슷했으나, 학교에서 추천해준 곳인 대한조선공사로 결정하고 83년 6월

11일부터 출근하게 되었다.
 이 당시에 동창생인 상운이와 단 둘이 추가모집 특별채용으로 입사했었는데 회사는 그보다 먼저 6개월전에 신입사원을 공채하여 신입사원 교육이 모두 끝난 상태였다. 어쩔 수 없이 우리는 곧바로 현업 부서인 설계실 생산기술설계 1과에 배치되었다. 체계적인 신입사원 교육을 받지 못한 우리는 그나마 고등학교에서 설계를 전공하지도 않았음에도 불구하고, 얼떨결에 기계제도 기능사자격을 취득하였다는 이유로 설계실에 배치되었다. 하지만 설계에 관해선 그다지 아는바도 없고 신입사원 교육마저 받지 못해 업무능력이 형편없었다.
 그래도 자존심은 살아 있어서 못하겠다는 말은 할 수 없었고, 약 1년 정도를 엄청나게 헤매면서 때로는 많은 문제점을 야기해가며 서서히 조직 사회에 적응해 갔다.
 입사 당시 나는 회사측에서 제시했던 병역특례관계로 83년 7월2일부터 특례보충역에 편입되어 5년간의 얽매인 생활을 하게 되었다. 처음 3년은 누구나 가는 군대 생활과 같은 것이라 생각하니 시간이 잘 갔으나 나머지 2년은 참으로 길었던 세월로 기억된다.
 입사 3년째 되던 해, 어느 정도 업무에 자신감도 생기고 동료, 선배사원들에게도 신뢰감이 쌓였다고 생각되었을 때, 항상 가슴속 깊이 간직했던 평생의 꿈을 이루고 싶어 대학 입학 학력고사를 보기로 했다. 애시당초 입사 당시 양해된 조건이었고 또 다른 부서의 동기생들, 선배들중 상당수가 야간대학에 다니고 있었다.

그리하여 85년 가을 어느날 선배 한 명과 함께 대입 학력고사를 위한 체력장을 치루기 위해 하루 전날 담당 과장님께 사유를 말씀드렸더니, 대답은 한마디로 'No'였다. 이유는 부서 업무가 바쁘다는 것이었다. 그래도 포기하지 않고 밀린 업무는 일요일에라도 출근해서 반드시 회사일에 차질이 생기지 않도록 하겠다며 애원해 봤다.
그러자 상상을 초월하는, 인격마저 모독하는 대답이 튀어나왔다.
"야 임마, 니 에미, 애비가 보내 주지 않는 대학을 니가 무슨 수로 간다고 생때를 쓰는기고?"
"정 가고 싶거든 사표를 내고 가거라!"
특례보충역 신분을 충분히 악용한 반응이었다. 사표를 내거나 해직되면 바로 그때까지의 근무는 무효가 되고, 현역으로 재입대해서 3년을 다시 복무해야 된다는 관계법률규정을 악용한 것이었다.
여하튼 그 다음날 두려움 반, 배짱 반으로 체력장을 치루러 갔다. 체력장은 무사히 마쳤으나, 그 다음날부터 일이 심상치 않게 돌아가기 시작했다. "그래, 니 멋대로 한번 해봐라"는 듯이 나에 대한 철저한 감시와 방해가 진행되었던 것이다.
내가 퇴근후(당시 밤 8시) 입시학원의 마지막 강좌를 듣는 것을 확인한 상사는 나의 퇴근시간을 30분 늦추고, 쉴새없이 업무량을 늘려 나갔다. 그런 상태에서 아무런 준비도 못하고 학력고사 날이 되어 응시장으로 향했다.

예년과 다름없이 추웠던 학력고사일. 난방도 되어 있지 않은 중학교 교실에서 두터운 옷도 입지 못하고, 점심도시락도 준비하지 않은 채 비장한 심정으로 시험에 임했다. 하지만 2시간이상 제대로 공부해 본 적이 없는 나로서는 중학교때 배운 기초 실력으로 시험을 대충 치르고, 점수는 확인해 보지도 않았다. 결과는 뻔했기 때문이었다.
　또 한번 가난의 설움과 인생의 비애를 뼈저리게 느꼈다. 아! 이 무겁고 암담한 현실은 언제 끝날 것인가...

학교가는 학생들이 부럽던 시절

고등학교를 졸업하고 직장 생활을 하던 무렵 내게 가장 부러운 사람은 아침에 등교하는 대학생들이었다. 처음 직장 생활을 시작할 때는 그들이 그토록 부럽지는 않았다. 그러나 하루, 이틀 세월이 가고 점차 내 인생이 안개속으로 빨려 들어가는 것 같은 생각이 들자, 그들이 더욱 부러워져 갔다.

어쩌다 길거리에서 여대생으로 보이는 아가씨만 보아도 가슴이 설레어 다가갔다가 내 위치를 생각하고 물러서곤 했었다. 그러나 내가 진정 부러워 했던 대상은 같은 직장에 다니면서 야간대학에 다니는 선배나 직장동료, 친구들이었다. 나하고 똑같은 상황이었는데 그들은 운좋게 좋은 상사 만나서 야간대학이라도 나갈 수 있었다.

항상 오후 4시 반쯤이면 서둘러 가방을 챙겨 학교로 향하는 그 친구를 바라볼 때 정말 부러웠다. 그 당시 내가 바라던 것이었기에 훨씬 부러움은 더 했는지 모른다. 학교 문제로 상대적 박탈감을 느끼고 살고 있다 보니, 자연히 직장 일은 점점 재미가 없어졌다. 일을 더 한다고 돈을 더 주는 것도 아니고, 정해진 월급을 받는 것 뿐이었다.

야간대학이라도 가 보려는 소박한 꿈은 깨어지고 밤 10시가 넘어 퇴근하면, 같은 부서의 선배, 동료들과 소주잔을 돌리며 신세를 한탄하고 때로는 과장, 부장을 욕하기도 했다.

그러던 어느 휴일, 그날도 회사에 출근해서 이 눈치 저 눈치보며 일하다가 오후에 퇴근해서 울적한 마음에 시내에서 혼자서 술을 마셨다. 난생 처음 혼자서 취하도록 마셨다. 일이 꼬이려니까, 취한 상태에서 소위 삐끼들에게 걸려 들어 룸살롱이란 곳까지 들어가게 되었다. 아무 생각없이 양주를 시키고는 갈때까지 가보자는 심정으로 마셔댔다. 얼마나 마셨는지, 그 다음달 카드 결제일에 두 달치 월급을 한꺼번에 밀어 넣어야만 했다. 그런 식이었다, 나의 20대 초반의 인생은.

꿈은 깨어지고, 현실적인 돌파구는 없고, 그저 의미없이 반복되는 일과는 지루하기만 하고, 당장 그만두고 다른 일을 하고 싶어도 그렇게 할 수는 없는 족쇄(특례 보충역 신분)는 채워져 있었다. 가슴이 터지도록 답답했지만 나에게 필요한 것은 5년 간의 인내였다. 족쇄를 풀고 어디론가 훨훨 날아가기 위해서 그저 참고 기다릴 수 밖에 없었다.

어느 날인가 정확히 기억할 수는 없지만 그런 비애감을

느끼면서 일기에 썼던 내용이 있다.

'앞으로 내 인생에 어떤 시련이 닥쳐도 험한 산에 홀로 내버려 질지라도, 구르고 굴러 깨어지고 쪼개져서 강가의 모래알이 되어가는 바위가 아닌, 구르면 구를수록 더욱 커지는 눈덩이가 되자'

세상의 시련에 부딪쳐 자꾸만 작아지고 약해지기보다는 시련을 극복하고, 시련마저 소중한 인생의 경험으로 내 몸의 일부가 되게 하여 더욱 큰 사람이 돼 보자고 결심했던 것이다.

첫사랑은 누구에게나 쉽지 않다

사랑 한번 못해 본 사람 있나요. 그런 노래가 있다고 한다. 그런데 내가 그랬다. 23살의 성년이었던 난 연애다운 연애 한번 못하고 건조한 나날을 보내고 있었다. 내게도 가슴 두근거리는 연애란 것이 찾아는 올까, 궁금해 하면서. 그 시절은 미팅 한번 제대로 할 기회가 없을 정도로 바쁘기도 했다. 솔직하게 말하면 쑥맥인지라 여자 옆에 있는 것조차 견디기 힘든 고통이었다. 믿기지는 않겠지만 말이다.

그런 나를 안타깝게 여기던 선배가 아가씨를 소개시켜 주었다. 선배의 여자 친구와 같은 사무실에 근무하던 여자였다.

소개를 받기로 한 날은 비가 추적 추적 내리던 이른 봄, 토요일 저녁이었다. 비도 오고 며칠째 몸살기가 있던 나는 약속을 다음으로 미루면 안되겠느냐고 선배에게 전화를 했다. 그런데 이 선배의 말은, "야, 임마. 너 이 아가씨 놓치면 후회할걸. 웬만하면 나와라."하는 것이었다.

아픈 몸을 이끌고 오는 비 원망하며, 카페 문을 여는 순간 가운데 탁자에 앉아 있는 선배가 보였다. 그리고 그 옆엔…. 생각보다, 아니 정말 근사한 여자였다. 옆모습만 보아도 선이 곱고 갸냘픈 얼굴이 한 눈에 들어 왔다. 거기다 파란색 레인코트를 입고 있었는데 카페 전체가 그녀를 위해 존재하는 것 같았다. 그래, 난 한 눈에 반한 것이다.

이미 내 상황을 눈치 챈 선배는 잘해 보라며 얼른 자리를 떴다. 그 다음 일은 지금 생각해도 신기할 지경이었다. 수줍음을 많이 타, 여자 옆에도 잘 못가는 내가 아니었다. 너무도 자연스럽게, 마치 1년 넘게 사귀어온 연인처럼 우리는 어색함 없이 어울리게 되었다. 우리는 주말에 특별한 일이 없으면 남포동의 그 찻집에서 만나고, 휴일이면 야외에 함께 나가기도 하며 근 1년 반 정도 꽤 건전한 관계를 유지했었다. 나도 그녀도 순진하고 순수했다.

그녀가 얼굴도 못나고, 학력도 그저 그런 나를 따랐던 이유가 아마 나의 그런 점 때문이었으리라. 첫사랑이란 원래 다들 순수하게 아니었던가. 세상 풍파에 찌들리고 산전 수전 다 겪은 사람들도 아련한 눈빛으로 추억할 수 있는 사랑, 첫사랑. 여름날 햇볕에 바짝 말린 희디 흰 면보자기처럼 순결한 것이 첫사랑이었다.

우리는 바람이 잦아드는 밤이면 영도의 해변가에서 모닥불을 피워 놓고 마주 앉아 휘황한 부산항의 야경속에 파묻혀 파도 소리 들으며 밀어를 나누었다. 발밑으로 철썩이는 파도, 저 멀리 이국적으로 빛나는 야경 그리고 서로의 따뜻한 눈길이 새삼 그립다. 그때 모래사장위에 쓰다 지우고 쓰다 지운 말들은 무엇이었을까. 아직도 그 자욱이 남아 있을까. 벌써 마음은 영도 그 바다로 향한다.

사랑이 무르 익을 무렵이던 어느날, 결정적인 갈등이 생겼다. 안정된 직장이란 굴레를 벗어나 좀더 나은 나를 향해 달려가려는 나의 가치관을 그녀는 이해해 주지 못했고, 결국 그것때문에 이별을 하게 됐었다. 그녀는 남들처럼 그냥 현실에 안주해 결혼도 하고 아이도 낳으며 살자고 했다. 멀쩡한 직장 그만두고 공부를 한다니, 그녀로서는 상식 밖의 일이었다.

며칠을 설득했다. 이해해달라고. 하지만 이미 마음이 돌아선 그녀에게는 아무 소용도 없었다.

서로의 눈도 마주치지 않으려고 애를 쓰면서 우리는 다시 그 찻집에서 만났다. 싸늘히 식어 버린 커피처럼 우리 관계도 그렇게 차갑게 식어 갔다. 마지막으로 문을 나서면서 이런 이야기를 한 것이 기억이 난다.

"먼 훗날 내 이름 석 자가 신문에 나는 날이 있을 거야."

그러나 그때 고시를 염두에 두고 한 말은 아니었다. 단지 무언가 좋은 일을 해서 내 이름 석 자가 빛나는 것을 그녀가 보기를 간절히 바라는 마음에서 말한 것이었다. 오기였을 게다. 나도 보란듯이 성공해서 그녀의 결정을 후회하게 만들겠다는, 약간은 유치한 발상이었는지도 모른다.

그녀도 어디선가 내 이름 석 자를 보았을 것이다. 하지만 더이상 미움도 그리움도 없다. 그녀마저도 오늘의 나를 있게 한 작은 힘이 되주었기 때문이다. 그래서 난 그녀가 행복하기를, 잘 살기를 간절하게 소원한다.

청운의 꿈을 안고 서울로

1988년 9월 4일, 내가 제출한 사직서가 수리된 날이다. 88년 7월 2일자로 5년간의 특례보충역 의무복무 기간이 끝나, 자유의 몸이 된 이후 약 두 달 간에 걸쳐 과거부터 생각해 왔던 것을 실행에 옮기기 위해, 깊은 고뇌의 나날들을 보낸 끝에 내린 사직의 결단이 수리된 날이었다.

당시 직장생활은 과거에 비해 훨씬 근무여건이 좋아진 상태였다. 1987년의 용광로 같은 민주화 열풍을 타고 전 산업현장을 휩쓸어버린 노동쟁의의 태풍은 권위주의적인 직장 풍토를 하루 아침에 바꿔 버렸고, 상사가 부하 직원의 눈치를 살필 정도까지 발전이 이루어진 상태였다. 그런 와중에 우리를 짖궂게 괴롭히던 상사도 징계를 당하는 등, 근무여건은 사직하기에는 너무도 아까울만큼 좋아졌다.

게다가 대한조선공사라면 당시엔 부산에서는 그래도 꽤 알아주는 직장이었다. 그런 직장을 그만두겠다고 말하자, 어느날 갑자기 말한 것은 아니었기 때문에 가족들은 예상은 했지만, 그래도 만류가 많았다. 나 스스로 조금은 불안하기도 하고, 미련이 남는 것은 사실이었다.

그러나 막연하나마 새로운 인생을 개척해 보려는 오래전부터의 계획을 실행에 옮기고 싶은 생각이 훨씬 강했기에 결단을 내릴 수 있었다. 그때 생각은 반드시 무엇을 하겠다는 구체적인 계획은 없었다. 단지 국내 대학을 가기엔 나이가 너무 많고, 또한 내신의 족쇄마저 채워져 있는 상태라서 기회가 닿는다면 고학으로라도 미국쪽에 유학을 가거나 아니면 무역관련 직업을 구하고 싶었다.

그러기 위해서는 영어공부가 필수인 것 같았고 당시 부산에는 고급회화 과정을 배울 수 있는 학원이 별로 없었다. 어쩌다 하나 있어도 반이 제대로 형성되지 않는 실정이었기 때문에 할 수 없이 서울로 가기로 결심했던 것이었다.

목욕탕에서 인생이 바뀌다

　학원강사로 일하고 있던 1990년 겨울 쯤의 일이었다. 어느 날 피로를 풀기 위해 학원 근처의 목욕탕에 갔을 때의 일이었다. 목욕을 마치고 옷을 입으려는 순간 입구쪽에서 꽤 낯익은 얼굴이 다가오고 있었다. 다름 아닌 고등학교 1학년 때 기숙사에서 같은 방을 쓰던 동창생이었다. 서로의 얼굴이 마주치는 순간, 우리의 입에서는 "너 종영이 아냐?", "그래 맞아, 정말 오랜만이다."하는 질문과 대답이 오고 갔다.

　그 순간이 오늘의 나를 있게 한 운명적인 만남이었다. 운명은 때로 어처구니 없는 곳, 시간에 찾아 온다더니 사실이었다. 졸업한지도 8년, 목욕탕 평상에 마주앉아 잠시 서로의 지나간 세월에 대해서 이야기했다.

　대현이는 고등학교 졸업후 대기업 S사에 들어 갔다가 얼마 견디지 못하고 사직서를 내고 군대에 갔었고, 제대후에 국민연금관리공단에서 근무하고 있었으며, 건국대학교 행정학과 야간부에 재학중이라고 했다. 또한 고시에 뜻을 두고 있으며 결혼도 했다고 말했다. 대현이는 생각 같아선 직장을 그만두고 고시에 전념하고 싶다고 했다.

그 말을 들은 나는, 까짓것 다 집어 치우고 공부나 열심히 하는게 더 낫지 않겠냐고 진심어린 충고를 해주었다. 결국 나중에 알았지만 그로부터 얼마후 대현이는 정말 직장을 그만두고 공부에 전념했으며, 그 결과 94년 행시 일반행정 분야에 합격했다고 한다.

목욕탕에서의 우연한 만남이었지만, 그와의 만남은 내가 고시에 뜻을 두는데 적지 않은 영향을 주었다.

그 이전에도 외국어 학원에서 고시에 합격한 사람들을 몇 명 만난 적이 있었지만 그들은 나와는 전혀 다른 별천지에서 살아가는 이방인같은 존재로 느껴졌을 뿐이었다. 그러나 그는 나와 비슷한, 시골 출신에 형편이 넉넉치 못한, 쉽게 동료의식을 느낄 수 있는 그런 친구였다. 그와의 만남 뒤 나는 '나도 고시 한번 해보면 어떨까' 하는 생각을 가지게 되었다.

그 막연한 생각이 행동으로 이어지는 데는 그리 긴 시간이 필요치는 않았다. 이미 대현이를 만나기 전부터 나는 뭔가 나를 이런 막막한 현실에서 끌어 내줄 동아줄같은 희망을 갈구하고 있었기 때문이었다.

처음부터 대학을 안가겠다고 마음먹은 것은 아니다. 대학은 가고 싶었지만 앞에서 말한 여러 가지 이유로 대학을 갈 수 없었다. 직장을 그만두고 영어공부를 하며 방황하던 시절, 대학을 가볼까 생각했다.

그러나 그때 결정적으로 걸렸던 것이 고등학교 내신성적의 족쇄였다. 아무런 희망없이 그저 평범한 공업고등학교 학생이었던 나의 내신은 15등급으로 나눌 당시 7등급 정도 되었고, 지금처럼 졸업후 일정 기간이 지나면 내신의 족쇄에서 풀려나는 것도 아니었다. 그렇게 된 것은 아마 95년쯤의 일인 것으로 알고 있다.

그런 상태에서 내가 원하는 대학을 가기는 힘들 것 같다는 판단이 섰다. 아마 당시 내신의 족쇄만 풀렸으면 나도 누구처럼 서울대에 응시했을 것이고, 지금쯤 조금 나은 위치에 있을지도 모른다. 그러다가 생각한 것이 유학이었다.

어차피 아무것도 없는 인생인데다 국내에서는 아르바이트 자리도 거의 없어, 차라리 고생은 되겠지만 외국에 가서 접시라도 닦으며 공부해볼까 하는 생각을 했었다. 사실 그런 생각을 하면서 영어공부를 하고, 기본경비를 마련하기 위해 학원강사를 하던 중 고시를 알게 되었다.

방황의 끝과 도전

　대현이를 만난 며칠 후 나는 학원 근처에서 조금 싼 하숙집을 찾다가, 내 수업에 들어오는 한 대학생으로부터 고시원에 들어 가면 사생활의 제약은 있지만, 하숙비는 훨씬 싸다는 이야기를 들었다. 듣던 중 반가운 소식이었다. 싼 값에 공부도 집중해서 할 수 있는 고시원에 들어갈 수 있다니 정말 믿기지가 않았다.
　내친 김에 학원에서 약 100m정도 떨어진 거리에 있는 고시원을 찾아가서 등록을 하고 거기서 생활하기 시작했다.
　그곳의 분위기는 언제나 고요한 적막만이 감도는 곳이었다. 대부분의 변두리 고시원이 그렇듯이 그곳에는 실제로 사시, 행시, 외시같은 고시공부를 하는 사람은 거의 없었다. 대부분은 공무원시험이나 취직시험을 공부하는 학생이었다.

1991년 2월, 그 고시원 게시판에 붙혀진 국가고시 시행공고문을 보았을때, 눈에 띄는 시험이 있었다. 바로 외무고시였다. 어렸을적부터 우물 안 개구리가 되기보다는 좀더 넓은 세상을 무대로 뛰는 외교관이나, 국제적 인물이 되는 것을 꿈꾸워 왔던 내게는 한줄기 빛이였고 지금까지 막연한 꿈이였던 것이 구체적인 현실로 다가오기 시작했다.

시험 과목을 보니 영어, 헌법, 국사, 문화사, 정치학이 1차 시험과목이고 2차 시험은 영어, 국제법, 경제학, 국제정치학, 국민윤리, 제2외국어 그리고 선택과목 1로 구성되어 있었다. 다행히도 대부분의 과목이 내가 흥미를 가질 수 있는 과목들이었다. 며칠간을 심사숙고한 끝에 두려운 마음으로 도전을 결심했다.

그리고 부모, 형제에게 내 의사를 통보했다. 부모님과 형님들 역시 두려움 반 걱정 반으로 만류하는 눈치였다. 하지만 내 뜻이 확고하다는 것을 알고, 대부분 찬성과 함께 용기를 불어넣어 주었다. 91년 3월의 일이었다. 외로움이 가장 큰 적인 고시 공부에서는 가족의 따뜻한 지원이 무엇보다도 필요했다.

내가 고시를 보겠다고 결심한 데는 또 하나의 이유가 있다. 나에겐 지금까지 진정한 나의 능력을 검증 받을 기회가 없었다. 보통 사람들은 대학입시라는 관문에서 자기 능력에 대한 예비 검증을 받고, 대학 졸업 후에도 취업이라는 관문에서도 여러가지 능력 검증을 받는다. 초·중등학교를 제외하면 공부와는 거리가 먼 생활을 해온 내가 과연 얼마만한 성취를 얻었는가를 시험해 보고도 싶었다.

사회에서 나의 잠재력 여하에 상관없이 항상 삼류 인간으로 취급받는 것은 견디기 힘든 모멸감이었고, 때로는 분노까지 일었다. 고시를 공부한다면 어느 정도의 체계적인 지식을 쌓을 수 있을 것이고, 나아가 합격만 한다면 삼류 인생의 오명도 씻어 버릴 수 있을 것 같았다.

이런 이유로 고시를 결심하고 자료를 모으려 했다. 그러나 처음부터 가시밭길이었다. 주변에 외무고시를 공부하는 사람이 하나도 없었다. 조언을 얻을 수 있는 이가 아무도 없었다. 어쩔 수 없이 종로서적에 가서 고시계 발행 '외무고시 Guide' 라는 책과 고시연구사에서 발행한 '다시 태어나도 이 길을' 이라는 책을 구입하여 수험의 기본적 지침서로 삼았다.

'외무고시 Guide'에는 각 과목별 특성과 공부 방법론 등이 풍부하게 소개되어 있었고 '다시 태어나도 이길을'은 역경을 극복한 감동적인 글들이 수기 형식으로 엮어진 책이어서 마음이 약해질때나 나태해질때 읽으면 의욕을 불어 넣어 주곤 했다.

나는 이 두 권의 책을 읽고난 후 수험전략을 짜기 시작했으며, 그 실행을 위해 세상과의 인연을 시한부적으로 끊어야겠다는 생각으로 머리를 박박 밀고 서울을 떠났다.

삭발이 주는 위안

　앞의 책을 보고 계획을 세워 보니 4년 후인 95년 시험에는 최종합격이 가능할 것 같은 계산이 나왔다. 91년 4월 학원강사 생활을 그만두고 수험에 필요한 책을 구입하기 시작했고 마땅한 공부 장소를 찾기 시작했다. 그러던 중 경기도 청평의 한 시골 마을에 있는 고시원을 찾았다. 6월 15일 과감하게 머리를 삭발하고 드디어 괴나리 봇짐을 둘러 메고 끝을 알 수 없는 능선을 넘기 위해 영광의 서울 탈출을 감행했다.
　처음 도착한 시골 고시원은 앞으로는 북한강이 흐르는 풍경은 그런대로 빼어난 시골마을에 자리잡은 초라하기 그지없는 집이었다. 하지만 형편없는 식사하며 열악한 시설관리로 문밖에서는 뱀이 혀를 널름거리는 경우가 비일비재 했고 정전도 자주 있었다.

  그곳에서 얻은 성과는 정재운 씨를 만난 것을 꼽을 수 있을 것이다. 그는 연세대 경영학과를 졸업하고 누구나 다 아는 종합상사에 근무하다가 사표를 내고 외무고시에 도전했던 사람이다. 나보다 나이도 두 살이 많고, 고시도 먼저 시작했으며, 독실한 기독교 신자였고 인생의 선배로 배울 점이 많은 사람이었다.

  당시 실전 시험 경험도 없고 정보원마저 없는 나에게 그는 고시에 관한 정보를 주는 유일한 창구였다. 그와는 그곳에서 3개월간 같이 동고동락을 했고 그 후 신림동에 들어와서 상당 기간 같이 공부하며 주말이면 같이 탁구를 치곤 했다. 지금은 연락이 두절되어 그가 무엇을 하는지 알 수가 없다. 지금 그에게 단 한가지 미안한 것은 끝까지 내가 고졸이라는 것을 숨겼던 사실이다.

  찬바람이 불 무렵 청평생활을 청산하고 신림동 행을 결정했다. 그 이전까지는 신림동에 고시원 밀집촌이 있다는 것도 몰랐는데, 청평에서 다른 고시생들을 통해서 알게 되었다. 그제서야 실질적으로 고시대열에 합류하게 되었던 것이다. 이렇게 항상 겉돌 때마다 느끼는 것은 무엇이든 정통코스가 있고 그 코스를 밟지 않으면 얼마나 힘들게 헛수고를 하는 것인가이다.

그러나 잊혀지지 않는다

 속세와의 인연을 끊기 위해, 사귀던 여자에게도 '나는 이제 끝을 알 수 없는 자신과의 전쟁상태에 돌입한다. 이제 너의 곁을 떠나며 동시에 이 세상과 절연을 하게 된다'라고 절연을 통보했다. 그날로 머리를 삭발해 버리고 청평의 고시원으로 향했던 것이다.
 그녀는 1990년 12월경 친구의 소개로 처음 만났는데 사범대 음악교육학과를 졸업한 피아노 학원강사였다. 그녀는 키가 170cm 정도였고 몸매도 늘씬했다. 나보다 학력도 높고 모든 것이 나은 조건의 여자였다. 그런데도 배운티를 내거나 자존심을 앞세우는 일이 없는, 정말 드물게 조용한 여자였다. 처음 만난 순간 온몸이 전율을 하며 단박에 내 여자라는 느낌을 받았다.

그녀와의 교제 기간은 6개월 정도밖에 안되는 짧은 시간이었지만 실제로 이별을 선언했을때 마치 십 수년을 사귄 연인들처럼 가슴이 아팠다. 다시 한번 마음을 고쳐 먹고 만나면 어떨까, 고시 공부한다고 내가 너무 유세를 떠는 것은 아닐까, 머리 속엔 그녀 생각과 그녀를 떠나 보낸 내 어리석은 자책감들이 소용돌이치고 있었다. 그녀 생각에 그후 6개월 정도는 가슴앓이를 한 것으로 기억한다. 청평의 고시원에 있을 때, 이별을 고해 놓고도 그녀를 향한 그리움과 고독감에 두 번이나 그녀를 찾아 서울로 향했었다.

지금도 기억에 생생한 것은 그녀와의 진짜, 마지막 이별의 장면이다. 마지막으로 한 번만 더 보고 싶은 심정에 그녀를 청평의 고시원으로 불러 들였다. 8월의 어느 일요일 청평에 온 그녀와 함께 인근의 계곡에서 아쉬운 하루를 보냈다. 그곳은 하루에 버스가 세 번밖에 오지 않는 깊은 산골이었다.

한여름의 긴긴 낮에 정신없이 놀다보니, 그만 마지막 차를 놓치고 말았다. 단 둘이 텅빈 정거장에 남게 되자, 순간 모든 것이 내 손안에 달렸다는 걸 알았다. 막차가 떠나버려 어쩔 수 없이 그곳에서 하룻밤을 나와 함께 보내야 한다고 내가 우기면 그녀는 어쩔 도리가 없는 상황이었다. 그럼에도 불구하고 난 그렇게 할 수 없었다.

북한강을 건너면, 건너편 도로에는 아직도 서울 가는 차가 있다는 것을 나는 알고 있었다. 그녀를 고이 보내주어야 한다는 생각에서, 나룻배 사공 아저씨 집을 찾았다. 하루 일과가 끝난 사공 아저씨는 곤히 자고 있었다. 미안한 마음을 누르고 사공 아저씨를 깨워, 강을 건네 달라고 부탁했다.
　그녀를 서울행 버스에 실려 보내고 되돌아오자, 고시원 친구들이 나를 "바보"라고 놀려 댔다. 그렇다. 나는 순진한 바보였다. 그렇게 그녀를 보내고, 그 이후엔 생각날 때마다 혼자서 가슴앓이를 하면서 애써 잊으려고 노력했다. 이렇게 짧은 두 번째 사랑은 종말을 고했다. 그리곤 오늘에 이르기까지 6년동안 데이트 한 번 해 본 적이 없다. 데이트를 하느니 그 시간에 책 한 장이라도 더 읽어야 했으니까.

외로워도 혼자 가야할 길

언젠가 그녀가 한번 이런 이야기를 한 적이 있었다. 자기가 돈을 벌어서 공부하는데 뒷받침을 해주면 어떻겠느냐고. 그 말을 들은 나는 단호하게 거절했다. 이유는 끝을 알 수 없는 불확실한 고난의 길에 나 아닌 다른 어떤 사람도 동참시키고 싶지 않아서였다. 나는 내가 선택한 길이기에 아무리 험난해도 가야만 하기에 기꺼이 갈 각오가 되어 있지만, 멀쩡한 여자 데려다 고생시키고 싶은 생각은 추호도 없었다.

힘들고 괴로울 때면 때로는 누군가 같이 가주는 사람이 있으면 훨씬 쉬울 것 같은 생각이 들기도 했다. 한 여자의 헌신적 희생이 있었다면, 경제적인 어려움은 덜 했을 것이다. 그렇지만, 나처럼 여린 마음의 소유자가 아내의 고생하는 모습을 6년 간이나 바라볼 수 있었을까? 아마도 죄책감과 양심의 가책으로 중도에 포기했을 가능성이 크다. 이런 나 자신의 성격을 잘 알기에, 그리고 반드시 합격한다는 보장이 없었기에 어쩔 수 없이 나 혼자서 가기로 결심하고 아픈 이별을 고했던 것이다.

지금 그녀는 어디에서 살고 있을지 궁금하다. 아름다운 생김만큼이나 행복한 인생을 살아 가길 보이지 않는 곳에서나마 빌어 주고 싶다.

주위의 친구 중에서 아내가 경제적인 뒷받침을 해주는 경우가 가끔 있다. 그런 친구를 볼 때 가끔 부러움을 느끼기도 하지만, 그 친구들의 정신적 고통을 들을 때는 차라리 내가 행복한 것 같은 생각이 들 때도 있다. 진정으로 사랑하고 합격에 대한 보장만 있다면, 그렇게 하는 것도 좋은 방법이다. 그렇지만, 합격에 대한 보장없는 막막한 현실에서는 서로의 인생을 불행하게 할 수도 있다. 나는 그것이 두려웠기에 끝까지 혼자였던 것이다.

가까이 하기엔 너무 먼 고시

　91년 2월경 처음 국가고시 시행공고를 보고 고시를 결심한 순간, 아쉽게도 그해 시험은 1월에 접수하여 1월 말경에 1차 시험을 다 치른 상태였다. 따라서 목표는 92년 1월 말경에 있을 외무고시 1차를 목표로 두어야 했다. 당시 고시에 대하여 아는게 없던 나는 외무고시 공부를 하는 사람을 찾아보았으나, 주변에서는 발견할 수 없었다.
　그렇지만 막연한 상태에서나마 92년 외무고시 1차에서는 최대한 합격권에 근접한 결과를 얻고 싶었다. 처음부터 합격을 바라지 않았지만, 그래도 혹시나 하는 심정도 있었다. 어쨌든 91년 6월 청평으로 가서 외무고시 수험생 두 사람을 만났고 그들로부터 시험에 관한 비교적 상세한 정보와 공부요령을 듣고 또 분야는 다르지만 사법 시험을 준비하는 몇

몇 사람들로부터도 여러 가지 조언을 듣고 구체적인 계획을 세우기 시작했다.

계획이란 것은 92년 외무고시는 경험삼아 쳐 보고 93년에 승부를 걸자, 1차를 합격하면 두 번의 2차 시험 기회가 주어지니 93년 2차는 경험삼아 쳐보고 94년 2차를 노려보는 것이었다. 그런 계획하에 91년 6월부터 92년 1월 1차 시험때까지는 매일 12시간 이상 공부하기로 계획했다.

실제로 그 계획은 90% 정도 달성했던 것 같다. 또한 시험때까지 7개월 계획을 세웠었는 바 초창기 4개월은 영어, 헌법, 정치학, 문화사, 한국사 등 5과목의 1차 과목중 아직까지 접하지 못했던 헌법, 정치학, 문화사의 기초를 세우는데 투자하고 나머지 3개월은 전 과목을 객관식 문제 위주로 공부하기로 계획했다.

헌법은 할만 했으나 정치학의 추상적인 개념들을 이해하는 것은 누구말대로 모래알을 씹는 기분일 정도로 어렵고 낯설었다. 문화사 공부는 중국고대사 부분에서 알 수 없는 한자들에 막혀 속된 말로 "사정없이 헤메이다"가 결국 한자의 음훈을 포기한 채, 글자 모양을 눈에 익혀 암기해 버리는 방법을 썼을 정도로 어려움을 겪었다.

그런 우여곡절을 겪으며 92년 1월 30일, 꿈에도 그리던 외무고시 1차 시험에 처음으로 응시했다. 오전에 헌법, 영어, 한국사 등 3과목을 120분간에 걸쳐 120문제를 풀어야 했다. 오후는 정치학과 문화사 2과목을 80분간 80문제를 풀어야 했다. 공부가 덜 된 사람이 느끼는 것, 문제가 쉽다고 느껴진다는 것을 처음 경험했다.

　내 나름대로 한국사, 헌법을 빨리 풀지 못해 영어 10문제 정도를 시간에 쫓겨 완전히 찍어 내린 것을 제외하고는 문제가 쉬웠던 것 같았다. 그래서 행여나 하는 기대를 가졌으나 결과는 역시 평균 1.5점 차이, 문제수로는 세 문제 차이의 아쉬운 고배를 마셨다.

　그때는 세 문제 차이를 대수롭지 않게 생각하고, 그 정도 결과를 얻은 것에 대단히 만족해 했다. 고시가 별 것 아닌 것처럼 보였고, 이 정도 시험에 수 년간 매달리는 사람들이 한심해 보였다. 그것이 얼마나 엄청난 착각이었던가는 훗날 알게 되었고, 그 착각의 대가는 그후 5년간의 수험 생활을 통해서 마음속 깊이, 아니 뼈에 사무칠 정도로 느껴야만 했다.

　첫 경험에서의 합격선 근접은 나를 일종의 자아도취에 빠지게 했고, 그 다음의 험난함을 모르는 나를 약간 건방지게 만들었다. 당시 새로운 계획을 세우면서, 93년 1차는 당연히 합격하는 걸로 생각하고 2차과목 중 가장 부담스런 제 2 외국어, 경제학, 국제법 공부를 시작했다. 그런데 지금까지 잘 진행되어 오던 공부가 거기서부터 난관에 부딪치기 시작했다.

　경제학은 경제원론, 미시경제론, 거시경제론, 국제경제론을 공부해야만 했는데 자그마치 교과서 분량이 경제원론 약 1천 페이지, 미시경제 7백 페이지, 거시경제 7백페이지, 국제경제 650페이지로 총 3천여 페이지에 달했고, 그나마 4개 분야의 책을 한 권씩만 봐서 해결되는 것도 아니었다. 설상가상으로 국제경제학에는 이해할 수 없는 수식들이 즐비했다.

결국 하루 2시간 정도 일어공부를 하면서 경제학에 매달렸으나 여름이 가고 가을이 올 때까지 경제원론, 미시, 거시 경제만 어느 정도 기초를 확립하고 국제경제론은 이해조차도 못한 상태에서 책을 한번 보았다는데 만족해야만 했다. 일본어 또한 하루 2시간 정도씩 꾸준히 공부했으나 6개월 정도 공부한 결과가 겨우 기초적인 문법과 독해가 가능했을 뿐 외무고시에서 요구하는 수준과는 동떨어진 것이었다.

그렇게 국제법은 손도 못댄 채, 일본어와 경제학에 파묻혀 6개월 정도를 보내니 찬바람이 불어와 다시 1차 공부에 신경을 써야 했다. 지난번에 7개월 정도로 1. 5점 차이로 근접했으니 3, 4개월 공부하면 충분히 될 것 같아, 약 4개월 정도를 1차 기간으로 잡고 9월 중순부터 1차 공부에 들어 갔으나, 문제는 자신감이였다. 쓸데없는 자신감에 대충 대충 공부하고 그나마 당시 92년 대통령 선거 시즌에 주제넘게 정치에 관심을 가지게 되었다. 대통령 선거에 관한 신문기사에 온통 정신이 팔려 머리는 판세 분석에 여념이 없었다. 그런 상태에서 고시 공부하는 다른 친구들과 선거에 관한 이야기로 밤을 새우기도 하는 그런 생활의 연속이었다.

12월까지 어영부영 보내고 93년 1월 치른 시험은 "뿌린대로 거둔다"는 평범한 진리를 일깨워 주었다. 평균 1점 차이로 두 번째 낙방. 내 자신의 처지는 생각지 못하고 엉뚱한 곳에 신경을 쓴 대가치고는 너무 쓰디 쓴 결과였다.

두 번째 낙방의 쓰라림은 나의 고시생활에 있어서 첫 번째 좌절이었고, 많은 반성의 계기가 되었다. 낙방의 충격 속에 3개월 정도를 돈벌이 하면서 나 자신을 돌아보며 반성했다. 레일을 벗어난 기관차의 운명이 어떠한 것인가를 몸소 깨닫고, 심기일전 재도전의 에너지를 충전하고 93년 6월경 다시 공부를 시작했다. 그때는 일본어와 국제법 위주로 공부했다.

6월에서 9월까지 약 4개월 동안 일본어를 하루 한 두시간 공부하고 국제법에 전념키로 계획했다. 공부시간은 하루 10시간 이상 확보할 수 있었으나, 난생 처음 접하는 국제법이 그렇게 호락호락 넘어가질 않았다. 이중범, 이병조 교수의 공저인 '국제법 신강'이라는 책으로 공부했으나, 각주 하나 빼놓지 않고 두 번을 읽어도 대체 무슨 이야기인지 알 수가 없었다. 그 이후 한 번을 더 읽었으나, 여전히 사막의 신기루처럼 잡힐 듯 잡히지 않는 것이 국제법 이었다.

그러다가 다시 찬바람은 불어오고 1차에 신경을 쓸때가 되었다. 10월 중순부터 약 100일 계획으로 1차 준비에 들어갔으며, 이번에는 절대로 정치나 사회문제에 한눈 팔지 않기로 작심하고 최대한 집중하기로 마음먹고 계획의 80~90% 정도는 실현을 했고, 그 결과는 94년 외무고시 1차 합격이었다. 이제 희망이 보이기 시작하는 순간이었다.

고시는 1차를 한 번 합격하면 두 번에 걸쳐 2차를 응시할 수 있는 기회가 주어진다. 대부분 첫 번째 2차 기회는 경험삼아 보는 것으로 하고 그 다음해 2차 기회를 실제적인 기회로 보고 그 기회를 잡기 위해 노력한다.

특히 외무고시 같은 경우 1차 시험발표와 첫 번째 2차 시험과의 시차가 보통 2주일 정도에 불과해 첫 번째 기회를 사실상 포기하는 것이 보통이다. 나도 예외는 아니었다. 지금은 1차와 2차 시험의 과목이 변경되어 공통 과목이 3과목이고 제2외국어가 선택, 2차 과목이 6과목으로 줄어 2차 준비에 시간이 훨씬 절약되지만 당시엔 영어를 제외하면 1, 2차 공통과목이 없었고 2차도 7과목{영어, 국제법, 경제학, 국제정치학(외교사 포함), 국사, 국민윤리, 선택(국제사법)}이나 되었고 제2외국어도 필수과목이었다.

　게다가 외무고시 과목에는 다른 시험과는 달리 경제학에 국제경제학이 포함되고, 국제 정치학에 외교사가 포함되어 사실상 2차가 공부해야 할 부담이 가장 큰 시험이었다.

　막상 1차를 합격하고 2차를 준비하려고 하니, 대부분이 생소한 과목들로 혼자서 독학을 하는 것은 보통 어려운 것이 아니었다. 그러나 사람이 하는 일, 못할 것도 없다 싶었고 역대 외무고시에 고졸이 한 명도 없다는 말을 듣고는 더욱 해내고 싶었다. 학력이 부족하다고 능력이 부족한 것은 아니란 걸 반드시 보여주고 싶었다.

　그런 마음 속에서 어려운 경제환경에 직면하니, 더욱 나를 감싸고 조여오는 환경에서 벗어나고픈 욕구가 끓어 올랐다. 그러나 그때는 아무것도 계획할 수가 없었다. 계획과 실행을 위해서는 돈이 필요했으나 돈이 정말 없었다. 그 이후엔 구체적인 계획보다는 솔직히 말해서 막연히 '어떻게 되겠지' '뜻이 있는 곳에 길이 있다는데' 하는 심정으로 그때 그때 탄력적인 계획을 세우며 오늘에 이르렀다.

처음부터 경제력 없이 시작한 공부, 힘들 것은 각오했지만 이토록 괴로울 줄은 몰랐다. 형님이나 누님들에게 돈 좀 융통해 보려고 갔다가 어렵게 사는 모습을 눈으로 확인하고는 아무말도 못하고 돌아서야 했던 일들. 그러나 그것보다 더욱 힘든 것은 거처를 자주 옮겨야 하는 괴로움이었다.

만 6년간의 수험 기간 동안 도대체 몇 군데를 옮겨 다니며 공부했는지 나도 잘 기억이 나지 않을 정도다. 아마도 20번 가까이 될 것이다. 신림동에서 몇 달 공부하면서 어렵게 마련했던 돈은 바닥이 나고 하는 수 없이 형님집이나 누님집, 고향집 등을 향해 보따리를 싸야 할 때의 괴로움은 아직 아무에게도 털어 놓지 못했다.

친구가 물으면 "신림동이 싫증나서"라고 대답하고 가족이 물으면 "외롭고 가족이 그리워서"라고 대답하곤 했다. 그러나 누구에게도 "돈 떨어져서"라고 말할 수는 없었다. 그렇게 말해봐야 도와줄 사람도 없고 또한 그런 도움은 받기도 싫었다.

그럴때마다 나 자신이 한탄스러웠으나, 드러내놓고 한탄도 할 수 없었다. 내가 선택한 길이었기 때문이며, 그런 넋두리가 부모 형제의 가슴에 심어줄 상처를 생각하지 않을 수 없었기 때문이다.

실패는 오기라는 자식을 낳는다

 1992년 1월 25일 경 처음으로 외무고시 1차 시험에 응시했다. 처음부터 합격은 기대하지 않고 최대한 합격선에 근접해 보자는 것이 목표였다. 즉 합격선에서 -5점 안에만 들었으면 하는 것이 소원이었다. 실제 시험에 있어서 오전 과목에서 시간 조절을 제대로 못해 영어 문제를 6문제 정도 풀지 못한 상태에서 답안지를 제출해야 했고, 오후 과목은 무난히 치렀다.
 결과는 기대 이상이었다. 그해 합격선이 75.5점이었는데 74.0점을 받은 것이었다. 그 정도면 충분한 가능성이 확인된 것 같아 실제로 합격한 것보다 오히려 더 기뻤다. 그러나 그것이 문제가 될 줄은 몰랐다. 93년 시험에서도 92년과 마찬가지로 시간 안배에 실패했고 결국 또 1점차의 아쉬운 좌절을 경험해야 했다.

이때부터 경제사정도 꼬이기 시작했다. 직장생활, 학원강사를 하며 몇 푼 모아둔 돈은 2년도 채 못되어 바닥이 나고 사방 어디를 돌아봐도 손 벌릴 데도 없었다. 내가 도와 주어도 시원치 않을 정도로 어렵게 살고 있는 부모 형제들에게 도저히 손을 벌릴순 없었다.

그래서 찾은 것이 학원강사 자리였다. 3개월 정도 일하면서 모은 돈으로 기본 비용을 충당하며 셋째 형님이 계신 안산에 가서 공부하기로 했다. 숙식비를 해결하기 위한 궁여지책이었다. 또다시 실수를 되풀이 하지 않기 위해 나름대로 철저히 대비하고 94년 1차시험에 세 번째로 응시했다.

시험 기간중 잠시 주의력이 흐트러져 답안지에 잘못 옮긴 문제가 4문제가 있어 걱정했으나 결과는 커트라인 79.5점에 내 점수는 82.5점으로 여유있게 합격했다. 안산에서 머무르는 약 10개월 동안 나이많고 사연도 많은 고시생 몇몇을 알게 되었다. 인간성 좋고 머리 좋지만 매너리즘에 빠져 무엇이 본업인지 구분하기 힘든 H씨, 별것 아닌 학벌을 엄청 내세웠던 L씨, 인간성이 좋다 못해 지나쳐 자기 문제보다 남의 일에 더 관심이 많은 W씨 등 외롭고 쓸쓸한 길을 가다 보면 때로는 친구도 필요하리라.

그러나 자신의 스트레스를 스스로 해소할수 있는 사람은 그런 친구마저도 필요가 없게 된다. 오히려 만남 자체가 스트레스가 될 수 있다는 것을 그때의 인간 관계를 통해서 깨달았다. 그 친구들에게는 정말 미안한 이야기지만 글을 진솔

하게 쓰자면 어쩔수 없이 이것도 언급해야 될 것같아 쓰는 것이니 친구들과 독자들의 이해가 있었으면 한다.

94년 2차 시험은 거의 준비가 안된 상태에서 순수한 경험으로써 마지막날 선택과목 시간만 빼고는 모두 응시 했으나, 성적은 예상대로 낮은 점수로 낙방이었다. 새로이 95년 2차 시험을 위해 체계적인 준비가 필요했으나, 또 경제사정이 내 발목을 붙잡았다.

하는수 없이 3월달에 고향으로 내려가 집에서 공부하기로 마음먹고 3, 4, 5월 약 3개월을 집에서 공부했으나 2차 시험에 관한 정보가 부족한 상태에서 시골 구석에 들어 앉아 책과 씨름하기란 여간 힘든 일이 아니었다.

고시생은 공부를 하든 놀든 간에 신림동에 있어야 마음이 편하다는 정설을 실감할 수 있었다. 이렇게 하다간 죽도 밥도 안되겠다 싶어 농협에 근무하는 외사촌 형을 통하여 영농자금 명목으로 500만 원의 융자를 얻어 그 돈을 들고 94년 6월, 다시 신림동으로 올라 왔다.

우선 학원에 수강할만한 강좌가 있는지를 알아 보았다. 국제법과 경제학은 강좌가 개설되어 있었으나 다른 과목들은 개설되어 있지 않았다. 우선 급한대로 국제법 강의를 수강하기로 하고 등록을 했다.

첫 번째 수업을 받고 고시원으로 돌아오던 길에 머리를 박박 밀어 버린 한 사람이 내 뒤를 따라오다가 나를 불러 세웠다. 같은 수업을 듣는 사람인데 외양이 무척 인상적이어서 기억을 하고 있었다. "저기 잠깐만요, 아까 수업시간에 같이 들었던 분이시죠?"하는 물음에 맞다고 대답하자 잘됐다고 하면서 잠시 이야기좀 하자고 했다.

나도 흔쾌히 동의해 주었고 먼저 그 친구부터 자기 소개를 했다.

"서울대 문리대 미학과 86학번 A라고 합니다. 만나게 되어 반갑습니다."

"저는 김 종영이라고 합니다. 많이 도와주십시오."

그 친구는 자기의 전공이 외무고시와는 관계가 없는 과라서 마땅히 같이 공부할만한 친구가 없어, 같이 공부할 스터디 그룹의 멤버를 찾고 있다고 했다.

그리고 나의 출신 대학과 전공을 물었다. 나는 잠시 멈칫거리다 "대학을 못나왔다."고 솔직하게 대답을 했다. 그는 선뜻 믿지 않는 눈치였다. A씨는 정말이냐고 재차 확인을 구한 뒤 대단하다고 칭찬을 한 뒤 자기와 함께 공부할 의향이 있냐고 다시 물었다. 그 말은 완전히 고립무원의 상태에 있었던 내게는 사막의 오아시스같은 반가운 소리였다. 그리고 서로 한사람씩 더 구해서 4~5명 정도로 그룹을 구성하기로 합의했다.

그런 다음날 점심을 먹고 산책을 하다가 길거리에서 머리를 박박 밀어버린 또 하나의 사람을 만났다. 나는 어제 만난 그 사람으로 착각을 하고 그에게 다가가서 말을 걸었다. 그런데 막상 다가가 보니 그 사람이 아닌 수업에 들어왔던 또 다른 삭발 고시생 K씨였다. 하여튼 마침 잘되었다 생각되어 그에게 그룹 스터디같은 것 하느냐고 물었다. 그러자 그는 하고 싶은데 할 사람이 없다고 했다.

 그래서 전날 밤에 했던 이야기를 그에게 들려주고 같이 할 생각 없냐고 물었더니 좋다고 했다. 그렇게 해서 A씨가 포섭해온 또 하나의 C씨와 함께 총 4명이 일단 시작하기로 결정했다. K씨는 S대 영문학과 출신으로 성실지수 95점, 씨는 K대 행정학과 출신으로 성실지수 100점이라고 내 나름대로 평가해 보았다.

 구성원은 모두 당시에 처음으로 1차를 합격한 사람으로 실질적인 2차 경험을 가진 사람이 없었으며, 그것이 스터디 그룹이 끝까지 유지되지 못한 주된 원인이 되었다. 나름대로 열심히 하려 했으나, 구체적인 노-하우가 없어서 시행착오가 너무 자주 일어나자 각자 개인 플레이를 하는 것이 낫다고 결론을 내린 모양이었다.

 그렇게 진행되던 중 한명이 더 추가되어 5명이 되었고 이따금 멤버들간에 마찰도 있었다. 그런 저런 일로 스터디 그룹에 대한 회의적인 생각이 들었다. 그러다가 9월이 되어 모두 뿔뿔이 흩어졌다. 나는 K씨를 따라 서울시립대로 가서 공부하게 되었고 얼마후 A씨도 다시 합류했다. 각자 개별적으로 공부하며 수시로 서로의 의사를 교환하는 형태로 전열이 가다듬어졌다.

암기는 리듬을 타고

잘 닦인 길에서 앞서간 사람의 발자욱을 따라 걷는 것과 울창한 밀림 속을 안내자 없이 혼자서 걸어가야 하는 것은 천지차이일 것이다. 길을 먼저 간 선배도 없고, 아니 길조차 없는 숲속에서 스스로 길을 헤쳐나가야 하는 내게 있어서는 공부 내용의 어려움보다도 어떻게 방향타를 잘 잡느냐가 더욱 큰 문제였다.

늦게 시작한 고시, 시행착오를 많이 겪는다면 어쩌면 경기 도중 퇴장당하는 수모를 당할 수도 있었다. 그러나 시행착오는 필연적인 과정이었다. 경제학을 공부할 때 특히 국제 경제학을 공부하면서 복잡한 수식을 모두 이해하고 증명해 보려고 덤볐다가 실컷 고생만하고 결국 알 필요도, 알 수도 없다는 것을 깨달았을 때 한동안 허무함에 빠져 고생한 적이 있었다.

 국제법을 공부할 때 전 년도의 출제경향에 얽매여 광범위하고 포괄적인 공부보다는 범위를 좁혀 암기 위주의 공부를 했다가 실제 시험에 있어서 예상치 못한 문제가 출제되자 순간적으로 당황하여 제대로 쓰지 못했던 일. 국제정치학을 공부하며 국제정치경제 파트에 지나치게 심취하여 전통 이론을 소홀히 다루었다가 막상 시험에서 전통분야에서도 문제가 출제되자 당혹스러웠던 기억.

 무턱대고 책을 읽는다고 공부가 되는 것은 아니다. 나도 처음에는 무턱대고 반복해서 책을 읽으면 실력이 늘겠지 하는 생각에 그냥 읽어 가기만 했다. 그러나 그것이 고시계 장수의 비결(?)이었다는 것을 훗날 깨달았다.

 먼저 책을 구입하면, 책 전체를 천천히 넘겨가며 그 책의 구성을 파악하고 책 앞 부분에 있는 목차를 복사해서 항상 책속에 끼워 두었다. 책을 볼때는 목차를 한 번 살펴보면서 내가 지금 책의 어느 부분을 공부하고 있고, 또 무엇과 연결될 것인가를 확인 해가면서 공부하는 것이 체계적이고도 현실적인 방법이 될 것이다.

 어떤 사람은 목차가 중요하다고 생각해 목차만을 복사해 그것을 외우고 다니는 사람도 있다. 나 또한 과거 국제법 공부때 그런 방법을 써 보았다. 그러나 그것은 전혀 효과가 없으며 전혀 그럴 필요가 없는 것이다. 어떤 과목에 대한 체계적인 이해와 반복 학습이 일단 되어있으면 시험 전에 불안한 생각에 아무것도 기억날 것 같지 않으나, 막상 실제 시험에서는 거의 다 생각이 나게 되어 있기 때문이다.

　한때 암기컴플렉스에 걸려 고생한 적도 있었다. 아무리 외우려 해도 외워지지 않을 때는 내가 나이가 먹어서 암기력이 떨어지는 것 아닌가? 하는 의구심이 자꾸 들었다. 어떻든 결국 외우는데 집착하지 않고 반드시 외워야 하는 것들은 첫 글자나, 두 번째 글자중 하나를 따서 순서대로 배열하여 말을 만든 뒤 그것을 시조나 노래처럼 장단이나 가락을 붙여 콧노래로 흥얼거리며 외워버렸다.

　궁하면 통한다더니, 나를 두고 한 말이 아닌가 싶다.

콧물과 눈물이 범벅 된 95년 외시

　94년 11월까지 서울시립대에서 공부를 하다가 12월이 되자 심리적 불안감이 엄습해오고 정말 시험이 두 달밖에 안 남았다는 실감이 들기 시작했다.
　불안한 마음에 공부장소를 옮겨 보기로 마음먹고 12월 중순경 2차 시험장 인근인 한양대 근처의 한 고시원에 A씨와 함께 들어갔다. 그때까지는 그런데로 충실히 공부해 왔다고 생각했으나 정작 중요한 마지막 두 달을 남겨놓고 건강에 이상신호가 왔다.
　시간이 감에따라 마음은 조급해지고, 설상가상으로 몸은 따라주지 않았다. 몸이라도 건실해야 하는데 식사는 부실했고, 하는 수없이 공부시간을 줄이고 휴식을 취하는 시간이 많아졌다. 그렇다고 병원에 갈수도 없는 입장이었다. 시험이 얼마남지 않은 상태에서 입원을 해야 한다거나, 장기통원치료를 필요로 한다고 하면 거기에 빼앗길 시간이 엄청났기 때문이다.

그런 상태로 두 달을 거의 다 보낸 95년 2월 시험 3일전, 이번에는 엎친데 덮친 격으로 당시 유행하던 독감이 허약해진 내 몸을 파고 들어 시험이 끝날때까지 아무리 약을 먹어도 낫질 않았다.

손수건과 휴지로 계속 흘러내리는 콧물을 닦아내며, 심한 두통속에서 첫날 영어와 국민윤리, 둘째날은 국제법과 경제학, 셋째날은 국제정치와 제2외국어, 넷째날은 선택과목 시험을 치렀다. 외무고시 시험 특성상 의외의 문제가 출제되는 경향이 강했으나, 95년 외시의 경우 특히 그런 경향이 두드러졌다.

그런 시험은 나처럼 정규 코스를 밟지 못한 사람에게는 불리하게 작용하였고 게다가 영어와 선택과목인 국제사법에서 뜻하지 않은 실수를 저질러 버렸다. 불안한 마음으로 발표를 기다렸으나 결과는 우려한 대로 낙방이었다. 같이 공부했던 스터디 멤버들도 모두 고배를 마시고 훗날을 기약하거나 진로를 바꿔야만 했다.

나에게 약속된 4년은 모두 지나가 버렸고 앞길에는 칠흑같은 어둠만이 나를 기다리고 있었다.

막노동판과 와신상담

엄청난 좌절감에 휩싸여 며칠간 방황을 했다. 하지만 좌절감에 휩싸여 있는 것 조차도 나에겐 사치였다. 절박했던 민생고를 해결하기 위해 나는 95년 4월부터 안산 유통상가에 있는 용역 사무소를 통해 소개를 받고 공사장 막노동판과 공장일용직을 전전해야 했다.

이른 새벽에 아침식사도 하지 못하고 6시에 집을 나서 6시 30분정도에 용역사무실에 도착하면, 20대에서 50대에 이르는 수 십명의 장정들이 줄줄이 늘어서 있다가 용역사무소 직원이 정해주는 공장이나 공사장에 팔려가 하루일을 시작한다.

처음 간 곳은 스펀지 공장으로 기억한다. 밀가루 같은 화학물질을 반죽하여 가열한 뒤 그것을 고무로 만들고 그것을 다시 가늘고 길게 만들어 화로속에 넣고 30분정도 찌면 스펀지가 되는 그런 일을 하는 곳이었다. 아무런 경험도 없는 나같은 일용직은 아무일이나 시키는 대로 마구잡이로 해야 했는데, 일이 서툴다고 눈치밥 꽤나 먹었다.

그 공장에 열흘정도 나간 뒤 용역사무소에 다른 곳으로 보내달라고 했다. 그러자 이번에는 공장증개축 공사현장에 보내주었다. 거기서 열심히 모래를 퍼나르고, 물을 떠나르고, 시멘트를 운반하고 다시 그 시멘트를 비비고 그것을 미장공들에게 날라다주는 일로 2주일 정도를 보냈다.

이때가 태어나서 가장 힘든 일을 했던 시기였다. 시멘트 포대를 어깨에 짊어지고 계단을 올라가 슬레이트 지붕을 지나 3층 증축 현장에 내려 놓으면 땀은 비오듯하고 다리는 힘이 풀려 후들거렸다. 시멘트와 모래를 배합하는 일은 처음엔 별일 아닌것처럼 느껴졌으나 하면 할수록 허리가 끊어질 것만 같았다. 또 땀은 나올 데가 어디 있다고 그리 흐르는지...

정말 막노동이 얼마나 힘든지, 막노동만 아니라면 세상 무슨 일이라도 다 할것 같았다. 거기서는 모든 사고(思考)가 멈추는 것 같았다. 다른 모든 것을 생각하기가 싫어졌고 그저 시간이 가기만을 바랄뿐이었다. 그런 일이 어느정도 익숙해 질 무렵 그쪽 공사가 마무리되어 또 다시 다른 곳으로 가야했다.

그 다음 간 곳은 자동차 부품제조업체. 말이 좋아 자동차 부품업이지 단순하기 짝이 없는 승합차 문짝을 제작하는 곳이 었는데 그 곳에서 하는 일은 그다지 힘들진 않았으나 민첩성이 생명인 일이었다. 거기서도 20일 정도 일을 했고 그 다음은 일이 없어 또 다른 공장으로 향했다.

 냉장고 공장에서의 제품 포장 및 상차 작업, 주물공장에서는 망치로 주물 부스러기 깨기 등 그다지 장기간은 아니었지만 용역회사에서 보내주는 곳이면 아무일이나 마구잡이로 해댔다.

 그런 일을 하면서 생각했다. 애초에 생각했던 대로 나에게 주어진 4년 동안 실패했느니 깨끗이 옛날로 돌아가 회사에 취직이나 해버릴까, 아니면 신설된 행정고시 국제 통상직에 도전해 볼까, 또는 사법고시에 도전해볼까. 고민 끝에 두 번째로 결론을 내렸다.

 지금까지 해온 공부가 유용하게 쓰일 수 있을 것 같았고 내가 꿈꾸어 왔던 길과 크게 다르지 않았다. 무엇보다 가장 실현 가능성이 크다고 생각했기 때문이었다.

 게다가 외교의 중심축이 정치 군사적인 High politics에서 경제 중심의 Low politics로 변환된 현대 국제정치외교관계에서 오히려 국제 통상직이 내가 처음부터 꿈꾸었던 외교관에도 부합하는 것 같은 생각이 들었다. 새삼 마음의 결정을 하고 용역 사무실을 운영하는 고등학교 선배에게 자문을 구했더니 잘한 결정이라고 했다.

 그렇지 않아도 이제 그런 일 그만두고 다시 공부를 시작해 보라고 권할 참이었단다.

오직 고시뿐이다

고시를 합격한다고 엄청난 부와 명예가 따르는 것도 아니다. 그나마 합격한다는 장담도, 보장도 할 수 없다. 최종학력이 공고 졸업인 나는 왜, 다 늦은 나이에 고시에 응시했을까? 객관적으로 보면 불가능할 것만 같은 위험하기 짝이 없는 선택이었다.

첫째는 짓궂은 운명으로부터 탈출하려는 시도였다. 단지 가난하다는 이유 하나만으로 나의 운명이 내 희망과는 다르게 자꾸만 꼬여 가는 것을 더 이상 스스로 방관할 수 없다는 생각에서 운명으로부터의 탈출과 현실 극복의 시도로 고시에 응시한 것이었다.

둘째는 적성과 자아의 실현을 위한 시도였다. 사회과학을 공부하는 것이 재미있었고 국제 관계에 관심이 많은 나에게는 외교관이란 직업이 가장 적성에 맞는 것 같았다. 그리고 그것이 나의 자아를 실현하는 길이라고 생각했다.

셋째는 한풀이였다. 나의 의지와는 상관없이 공부할 수 없었던 것이 나에겐 한으로 남았고 또한 언제나 삼류 인생으로 취급받는 한을 씻을 수 있는 길로 생각했다. 그러한 나의 심정은 어느날 일기(91. 9. 17)에 잘 표현되어 있다.

1991년 9월 17일

오늘 연 이틀째 아침을 거르며 12시까지 내쳐 잠을 잤다. 내가 왜 이러지? 정신 차리자. 나는 지금 얼마나 불리한 상황속에서 투쟁해 나가고 있는지 내 현주소를 바르게 알자. 내가 오늘 공부하는 이유는 단 한가지의 목적과 목표가 있기 때문이지 않느냐.

저마다 생각하는 행복의 모습이 다르다지만 나 역시 독특한 행복의 가치관이 있기에 그것을 찾아 오늘의 작은 괴로움을 행복으로 생각하며 내 길을 가고 있는게 아닌가? 엄청난 부귀영화도, 명예도 나에겐 소용없다.

그저 뭔가 가슴이 텅빈, 아니 가슴 깊이 한이 된것을 향해 최선을 다해내 혼신을 다 바치고, 그래도 못이룬다해도 난 행복할 것이다. 불행한 환경이 나를 이중 삼중으로 포위해서 지난날 보다 더욱 더 나를 시험에 들게 할지라도 가슴에 품은 열정이 다하여 죽는 날까지 분투할 것이다. 뜻이 있는 곳에 길이 있다고 했다.

아쉬운 지난 날의 나를 반성하면서 이세상 끝까지 분투, 분투, 분투하여라, 미래의 유능한 외교관이여!

현실은 타협의 대상이 아니다. 다만 극복과 활동의 대상일 뿐이다!

넷째는 통념의 벽을 넘기 위한 시도였다. 고시=명문대생이라는 사회적 통념에 대한 도전이었다. 비록 공고를 졸업하고 대학을 졸업하지 못했지만 내가 열등인간이 아니란 것을 반드시 보여주고 싶었다.

다섯째로는 진정한 자신의 능력을 확인하기 위한 시도였다. 한번도 정당하게 나의 능력은 세상으로부터 평가받을 기회가 없었다. 고시를 통해서 나의 잠재력을 확인하고, 능력을 인정받고 싶었다.

마지막으로 아무것도 갖춘 것 없는 자의 오기와 배짱이 작용했다. 나는 고졸이며 가진 것은 아무 것도 없고, 생긴 것도 볼품없는 형편없는 인간이었다. 어떤 선택을 해도 더 이상 손해볼 것도, 더 이상 떨어질 곳도 없는 밑바닥 인생이라는 생각에 과감히 도전할 수 있었던 것 같다.

그렇게 접어든 고시의 길은 92년 첫 시험의 응시를 시작해서 97년 최종합격에 이르기까지 약 6년간의 세월속에서 1차에서 두 번, 2차에서 세 번, 모두 다섯 번을 떨어 졌다.

스물여섯 살에서 시작한 길이 서른 살까지 와 버린 것이다. 그래도 끝까지 포기하지 않고, 매달린 이유는 어디에 있었을까? 신문에서는 6전 7기로 표현했으나 그것은 잘못된 것이고, 준비가 안 된 상태에서 치른 두 번의 2차 시험을 빼면 3전 4기이고 그것까지 포함한다면 5전 6기가 될 것이다.

하여튼 여러 번의 낙방을 경험하면서도 포기하지 않은 이유는 첫째로 처음부터 고시를 남과의 경쟁이 아닌, 자신과의 싸움으로 인식했고 그런 자신과의 싸움에서 이기지 못해 포기하고 다른 분야에서 일을 한다면 그 분야에서도 역시 나는 패배자가 될 것이라고 생각했다.

둘째로, 주어진 기회를 놓치고 싶지 않았다. 처음 시작할 때 나에겐 네 번, 3년 반의 기회와 기간이 있었다. 처음부터 한 두 번만에 합격하리라는 생각은 안했다. 잘해야 세 번째나 네 번째 기회에서 합격할 수 있다고 생각했다.

그래서 계획도 4년간으로 했으며, 네 번의 기회에 합격하지 못한다면 선택의 여지없이 고시를 포기하고 애초에 내가 하던 기능공의 자리로 되돌아 갈 각오가 돼 있었다. 막상 네 번째 기회에서 낙방을 하고 나니, 앞이 깜깜했다. 그 상태에서 다시 직장을 구할 때까지만 막일이라도 해서 생계문제를 해결하려고 했다.

이도 저도 못하는 상황에서 새로 생긴 국제통상에 재도전할 생각을 하게 되었던 것이다. 국제통상이 새로 생긴 것을 나는 하늘이 나에게 다시 한번 기회를 준 걸로 생각했다. 그런 기회를 스스로 포기하긴 싫었다.

흔히 떨어지면 무엇을 할려고 했느냐는 질문을 자주 받곤 한다. 전쟁터에 나가는 병사가 질 것부터 생각하면 어떻게 되겠는가? 지금 어떤 일에 도전하는 사람이 있다면, 실패 뒤의 일에 대해서는 너무 깊이 생각하지 말기를 바란다.

실패할 수도 있다는 것은 염두에 두어야 하겠지만, 그렇다고 실패를 염두에 두고 어떤 계획을 세운다는 것도 우스운 일인 것 같다. 사업에 따라서는 미리 실패를 대비해야 하는 것도 있지만 나처럼 아무런 자본을 투자하지 않고 단지, 노력만 투자한다면 노력은 아무리 투자해도 고갈되지 않으니 사후를 걱정할 필요가 없을 것 같았다.

또한 이런 일에 실패 후의 계획을 세워 보아야 아무런 의미가 없다. 왜냐하면 세상은 변하기 마련이고 상황이 지극히 유동적이므로 그런 계획은 그때 가서 쓸모없는 것이 되어 버릴 확률이 매우 크기 때문이다.

하여튼 끝까지 버틸 수 있었던 원동력은 처음부터 한 두 번만에 합격하려는 성급한 계획을 세우지 않았던 것과 고시를 남과의 경쟁이 아닌 자신과의 투쟁, 즉 극기의 과정으로 생각했던 것에 있었다.

뜻이 있는 곳에 길은 있었다

결심은 섰으나 어떻게 해야할 것인가?
정말 막막했다. 두 달정도 막노동해서 번 돈이래야 또 몇 달 생활하다 보면 바닥이 날텐데 무슨 수가 없을까 고민하던 중 안산에 있는 관산시립도서관을 찾았다. 거기서 전에 공부할 때 만나던 사람들 몇몇을 만나 사정 이야기를 하고 무슨 방법이 없겠냐고 물었다. 학원강사를 다시 해보는게 어떻겠느냐고 권하는 이도 있었으나 그것은 더 이상 하기 싫었다.
또다시 숱한 양심의 가책을 느끼면서 그 일을 할 수는 없었다. 옆에 있던 다른 분이 공사현장의 야간 경비원을 권했다. 월급은 얼마 안되지만 공부하기는 괜찮다는 것이었다. 그말에 귀가 솔깃해져 신문 광고를 보고 야간 경비원을 모집하는 곳을 찾아 갔다. 소개료 5만 원을 주고 처음 소개받은 곳이 홍대입구 지하철역에 있는 대아건설 사옥 건설 현장이었다.

그 곳에서 6월 10일부터 일하기로 했다. 그러면서 시작된 고시생활 2기. 저녁 6시에 출근해서 새벽 6시 퇴근하는데 저녁 6시에 출근하면 8시 정도까지는 퇴근하는 사람들 체크하느라 집중해서 책을 볼수 없었다. 그런 때는 라디오를 들으며 가벼운 휴식을 취하는 기분으로 앉아 있다가 직원들이 거의 퇴근하고 나면 밤의 고요함과 함께 책을 펼쳤다.

밤중에 세 번정도 순찰을 도는 시간을 빼고는 계속 공부를 했다. 한번 순찰 도는데 걸리는 시간은 길어야 10분정도. 지루할 때 한 번씩 기분전환으로 생각하며 순찰을 돌면 되었다. 그렇게 새벽 5시 까지 공부를 하고 5시 부터는 주위 청소를 하고 퇴근준비를 한다. 6시면 퇴근, 집에 들어와 아침식사를 하고 8시부터 오후 4시까지는 잠을 잔다. 오후 4시부터는 특별한 볼 일이 없으면 식사를 하고 곧바로 출근을 한다.

완전히 밤과 낮이 뒤바뀐 생활이 시작된 것이다. 그러자 제일 먼저 몸이 그 변화를 알아 챘다. 그전에 공부하다 무리하여 생긴 병이 생활 패턴의 변화로 말미암아 다시 악화되어 나를 괴롭히는 것이었다. 그래도 병원 갈 시간도 여유도 없어 그냥 무시하고 지냈으나 항상 병명도 모르는 병이 나를 불안케 만들었다.

컨디션 조절을 잘못한 지난번 경험을 거울삼아 절대 무리

해서 공부하지 않기로 마음 먹고 공부시간을 줄이고 휴식시간을 더욱 늘렸다.

무리하게 1년만에 끝내려고 덤비다가 이것도 저것도 안되고 몸에 병만 키울 것같은 두려움에서 처음부터 목표를 2년으로 잡고 천천히 하기로 결심했다. 거기서 약 6개월정도 일했을 무렵 다른 곳에서 좀 더 괜찮은 자리가 나왔다.

역삼동에 있는 동신이라는 건설회사의 야간 경비원 자리였는데 거기는 밤 10시 출근에 새벽 6시 퇴근이었다. 월급은 동일했지만 근무시간이 4시간이나 짧았다.

그래서 그쪽 회사로 옮기기로 마음먹고 다니던 회사에 일신상의 사정으로 그만둔다고 하자 모두들 무척 서운해 했다. 지금까지 나만큼 잠도 안자고 성실하게 보아준 사람이 없었다는 것이었다. 그렇지만 섭섭한 것은 섭섭한 것이고 나는 그곳을 떠나야만 했다. 96년 1월 동신에서 근무를 시작했고 4월에 1차시험에 응시, 합격했고 97년 1월까지 거기서 계속 근무하면서 공부했다.

경비 생활을 하면서 처음에는 도서관에서 공부하는 것 못지 않게 잘 할수 있었으나, 시간이 지남에 따라 점점 나태해지기 시작했다. 휴일도 없이 매일 똑같이 반복되고 생활이 지루해졌고 매사에 의욕이 떨어 졌다.

해가 바뀌어 97년 1월이 되자 97년도 국가고시 시행공고가 나왔는데 행정고시 2차는 6월 26일 부터였다. 내 마음도 서서히 급해지기 시작하면서 야간경비 생활을 청산하고 공부에 전념하기로 마음먹었다. 경제적인 문제는 그동안 약간

저축해둔 것과 부족분은 동생으로부터 지원을 받기로 하고 97년 1월 20일경 사직서를 냈다. 그리고 신림동의 고시독서실에서 새로 알게된 이만복이라는 친구와 함께 본격적인 공부에 들어갔다.

　겪어야 할 시행착오와 튼튼한 기초는 이미 외무고시 공부를 통해서 충분히 겪은 지라 특별한 어려움은 없었다. 게다가 이만복 씨의 헌신적인 협조까지 가세가 되어 큰 불안감 없이 시험 전날까지 공부할 수 있었다.

늦깎이 고시생은 무엇으로 공부하는가

    나의 하루 일과가 다른 사람들에게 어떤 참고가 될 수도 있겠다 싶어 아련한 기억의 파편들을 모아 소개할까 한다. 돈을 벌지 않는 상태에서 공부할 때 처음 2년 정도는 대체로 아침 8시 정도에 일어났다. 가까스로 아침을 먹고 졸리는 잠을 쫓기위해 관악산이나 주변의 산에 오르곤 한다. 가끔 배드민턴을 치는 경우가 있기는 하지만, 거의 특별한 운동은 하지 않고 그냥 1시간 정도 산에 올라 맑은 공기를 마시곤 한다.

    어떻든 8시 정도 일어나 식사후 등산을 갔다오면 오전 10시. 이때부터 점심식사 전까지 약 2시간 정도 책상에 앉아 공부를 한다. 오전시간은 졸음을 쫓기 위해 주로 외국어 공부를 한다.

영어나, 일어 등 외국어 공부를 하다보면 하나 하나 확인하고, 쓰고, 외우고 사전을 찾아야 하기 때문에 자연히 주의력이 생겨 졸음이 달아나 버린다. 그러나 만약 쭉쭉 읽어 나가며 이해 위주의 과목을 공부하면 집중력이 유지되지 않고 곧 졸음에 빠지게 되는 경우가 많다.

　12시 정도 점심식사를 하면 잠시 산책을 하고 난 뒤 곧바로 오후 학습에 들어간다. 오후에 주로 공부하는 과목은 이해 위주의 사회 과학 과목이다. 경제학, 정치학, 그리고 법률과목 등을 오후와 저녁시간에 공부한다. 오후 1시 반에서 오후 6시까지 약 5시간 동안 중간 중간 짧게는 10분 길게는 30분 정도 두 세번의 휴식을 취한다. 오후를 그렇게 보내고 6시 정도 저녁식사를 하면 식곤증을 해소하기 위해 산책을 하기도 하고, 아는 친구들과 대화를 나누기도 한다.

　그러다가 8시 정도면 다시 책상에 앉아 오후에 하던 공부를 계속한다. 밤 10시가 넘으면 피곤이 느껴지고 머리에서 더 이상의 것을 받아들이기를 거부하기 시작한다. 그래도 억지로 11시 30분 정도까지 책을 보다가, 라면 등 간단한 간식을 먹고 12시 정도에 잠을 청한다.

　이것이 나의 하루생활이었으나 반드시 그렇게 지켜졌던 것은 아니다. 평상시 8시간 정도의 수면시간으로도 부족해서 3, 4일에 한번 정도는 아침도 거른 채 점심식사 시간이 다 되도록 잠을 자는 경우가 있었다. 결국 수면 문제에 있어서는 나는 전혀 성실한 고시생은 아니었다.

　야간 경비원을 시작하고 두 달간은 고시원이나 독서실과

별 차이 없이 책을 볼 수 있었으나 시간이 지남에 따라 나태해지기 시작했다. 혼자서 고립되어 있다보니 경쟁심 같은 것도 생기지 않고, 또 시간 시간 돌아야하는 순찰이 신경 쓰여 제대로 공부할 수 없었다. 결국 나중에는 8시간의 근무시간 중 실제로 책을 보는 시간은 3~4시간에 불과했다. 솔직히 그 시절엔 신세한탄도 많이 했다. "나는 왜 이렇게 살아가야만 하는가?" 하고.

이렇게 97년 1월 20일경에 경비직을 그만두고 97년 1월 말부터 신림동 고시 독서실에 자리를 잡고 본격적인 공부를 다시 시작했다. 그때는 보통 아침 10시 정도에 일어나 오전은 그냥 집에서 신문 등을 보며 지내고, 점심식사 후 독서실에 가서 새벽 1시까지 공부를 했다. 독서실에 있는 시간은 식사 시간을 제외하면 10시간 정도되지만, 실제로 공부하는 시간은 8시간 정도였다. 그외의 시간은 친구와 같이 대화도 하고, 시험에 관한 정보도 주고 받는다.

그렇게 시험 전날까지 거의 같은 자세로 공부했으며 시험 전날부터는 거의 초인적인 힘으로 버틴다. 1주일간에 걸친 시험에서 매일 한 과목씩 치르게 되므로 전날 밤에는 보통 2~3시간을 자고 나머지 시간은 그동안 요약해 두었던 요약노트를 보고 또 본다. 그렇게 1주일동안 시험을 치르고 나면 온몸에 힘이 쭉 빠지고 오로지 생각나는건 잠 뿐이다.

지금까지 수험기간 동안의 일과를 설명했다. 평균적으로 일하지 않을 때는 8시간 정도, 일할 때는 5~6시간 정도를 공부한 것 같다. 얼핏 들으면 공부를 그다지 많이 하지 않은 것처럼 들릴지도 모른다.

 그러나 8시간 공부하기 위해서는 책상에 10시간 이상을 앉아 있어야 되고, 5~6시간 공부하기 위해서도 7~8시간은 책상에 앉아 있어야 한다는 사실을 감안하면 그렇게 적게 공부한 것은 아니다. 또한 다행히도 주색잡기에 관심이 없어 그런 곳에 허비하는 시간이 거의 없었다.

 잠이 많고, 일을 해야만 했던 나는 시간을 나름대로 효율적으로 사용하기 위해서 많은 것을 포기해야 했다.
 잠을 줄이려고 시도해 보았으나, 그것은 오히려 역효과만 초래했다. 한때 8시간의 잠을 6시간 이하로 줄이려 했으나 오히려 집중력이 떨어지고 졸음을 참기 위해 밖에 나가거나, 다른 행동들을 하게 되어 결국 공부 시간은 늘지 않고 집중력만 떨어졌다. 또 잠을 줄이기 위해 커피를 너무 많이 마셔 오히려 건강에 이상이 오기도 했다. 결국 잠을 줄인다는 생각은 단념하고, 그 대신 다른 모든 잡기를 끊어버리기로 했다. 당구, 만화, 비디오, 노래방 등 돈들고 시간 뺏기는 일은 최대한 자제하기로 했다.
 다른 사람과 마찬가지로 신년이 되거나, 시험 실시계획이 발표되면 1년 계획과 월간 계획, 그리고 하루 일과 계획을 세워보기도 했다. 그러나 계획대로 지켜지는 경우는 거의 없었다. 계획 당시 욕심 때문에 무리한 계획을 세우게 되고 결국 그것을 지킬수 없었던 것이다.
 그러나, 96년과 97년은 거의 계획대로 되었다. 그동안의 시행착오를 반영해 1년 계획은 합격이란 목표 즉 96년에 1차 합격, 97년엔 2차 및 최종 합격이란 계획 외엔 세부적 계획을 세우지 않았고, 체력 안배를 위해 몇 달 전부터 본격적으로 공부할 것인가의 계획만 세웠다. 96년 1차의 경우는 두 달 정도, 97년 2차의 경우 약 6개월 정도를 본격적으로 공부하기로 계획했었고 결국 그것을 지켰다.

처음 고시에 입문했을 때는 정리의 중요성을 몰랐다. 2차 시험을 한, 두번 떨어져 보고서야 비로소 정리의 중요성을 절감했다.

고시공부 기간 동안 수험생들은 엄청난 양의 책을 보게 된다. 1천 페이지에 달하는 책들을 과목당 적게는 2~3권, 많게는 5~6권을 봐야 한다. 평균 4권 씩만 잡아도 1차에 5과목, 2차에 6과목, 총 11과목을 하다 보면 50권 이상의 두꺼운 책과 수없이 많은 복사자료를 보게 된다. 그 많은 내용들이 보았다고 다 기억나는 것은 아니며, 기억이 난다고 해도 단편적인 것들일 뿐 체계적인 답안을 쓸 수가 없다.

따라서 평소에 공부하면서 그것들을 체계적으로, 가급적이면 양이 적게 정리해 두는 것이 필수적이다. 그래서 작년부터는 최대한 정리에 신경쓰면서 공부했다. 책을 보면서 그것을 정리하여 요약노트를 만들고 시험 한 달 전까지는 책을 위주로 공부하되, 나머지 한 달동안은 요약노트만으로 반복해서 여러번 보는 방법을 택했다.

시험이 한 달 앞으로 다가 오면 불안하고 초조감이 앞서 수험생들은 대개 무리하게 잠을 줄이고 공부를 많이 하려고 한다. 나 또한 과거에 3, 4개월 전부터 공부시간을 늘려 공부하다가 결국 마지막에 컨디션 조절에 실패하여 시험을 망쳤던 경험이 있다.

절대로 시험기간이 가까워 온다고 공부 시간을 갑자기 늘리는 실수를 해서는 안 된다. 기존의 방식대로 컨디션을 유지하고, 대신 잡념을 없애고 차분히 집중하려는 자세를 유지해야 한다. 실제로 이번 시험에는 마지막 한 달도 평소와 다름없이 공부했으며, 다만 시험 기간동안에 건강과 체력에 문제가 생기지 않도록 주의했다. 그리고 시험 3일전 시험장 부근의 고시원으로 옮겨 시험 당일 오가는 시간때문에 쌓일 피로에 미리 대비했다.

그리고 시험 전날부터 마지막 시험일까지 일주일간은 잠을 자려고 해도 잠이 잘 안온다. 아마도 그때는 모든 수험생이 거의 초인적인 힘을 발휘하는 것같다. 평상시와 다르게 공부해야 할 때는 바로 이때인 것 같다. 그리고 시험 한달 전에 가급적이면 기본 교과서보다는 스스로 만든 요약 정리집 위주로 공부하는 것이 많은 도움이 될 것이다.

돈 이야기

 어떤 일이고 마찬가지겠지만, 고시를 합격하기 위해서도 세 가지 요소가 필요한 것 같다. 본인의 기본적 잠재력과 그것을 현실화시키기 위한 부단한 노력, 그리고 그것을 뒷받침할 수 있는 경제력이다.
 내게 있어서 처음부터 문제가 된 것은 경제력이었다. 1988년 다니던 직장을 퇴직했을 때 내가 가진 것은 약 1천만 원 정도였다. 퇴직금 250만 원 정도에 푼푼이 증권에 투자했던 돈 약 7백만 원 정도. 그것이 나의 전재산이었다. 그돈을 들고 88년 10월 서울에 와서 그 중에 절반을 누님 집을 사는데 보태 주었다. 그리고 남은 돈은 외국어 공부를 하면서 학원비, 교재비, 용돈 등으로 지출했다.
 그러다가 89년 말경 학원강사를 시작했는데 처음엔 겨우 용돈 정도 벌다가 6개월 정도 지나서야 조금 여유가 생길 정도가 되었다. 그때부터 500만 원 짜리 적금을 월 40만 원 정도씩 부어 갔다. 절반쯤 부었을 무렵 다섯째 형님의 결혼 소식이 들려왔고, 형을 돕기위해 적금을 해약해 버렸다. 그때가 90년 말경. 그런 상태에서 91년 2월쯤 고시를 결심하게 되었고 91년 6월부터 본격적인 고시공부에 들어갔다.

당장 가진 돈은 전부해서 200~300만 원 정도였다. 그 상태에서 1년 계획을 세워 보니 200만 원 정도가 모자랐다. 할 수 없이 둘째 형님께 100만 원, 넷째 형님께 50만 원, 다섯째 형님께 50만 원 정도를 협조받아 1년 계획을 세우고 최대한 절약하며 공부해갔다.

그러나 문제는 거기서부터 발생했다. 1, 2년에 끝날 싸움이 아니란 것을 알면서도 1년 정도밖에 계획을 못세웠으니, 그 다음은 문제가 심각했다. 그러나 뜻이 있는 곳에 길은 있는 법, 공부를 반드시 고시원에서 해야만 하는 것은 아니었다. 두 번째 되는 해에는 누님집에서 기거하며 근처의 독서실에서 공부하기로 했다.

당시 누님집은 매형의 사업부도로 말이 아닐 지경이었지만, 그래도 누님과 매형은 따뜻한 식사와 편안한 잠자리를 제공해주었다.

3년째 되던 해 다시 돈을 벌어가면서 공부하겠다는 마음으로 학원을 찾았고 학원강사를 하면서 3, 4개월간 약간의 돈을 벌어서 그것을 기초 비용으로 충당하며, 안산의 셋째 형님집에서 기거하며 근처의 독서실과 시립도서관 등을 전전하며 공부했다. 맞벌이 부부인 형수님은 바쁜 와중에서 공부하는 시동생의 뒷바라지에 더욱 힘드셨을 것이다.

오늘의 작은 영광이 이렇듯 형제들의 따스한 사랑의 덕분이었음을 새삼 느끼고 감사의 마음을 전해드리고 싶다. 그해 처음으로 1차를 합격해서 그 기쁨을 형님과 함께 하던 순간을 돌이키면, 지금도 눈시울이 뜨거워 진다.

그렇게 1차를 합격하고 2차를 준비해야 했지만, 아무런 대책이 없었다. 그래서 첫번째 2차는 그냥 순전히 경험차원에서 치를 수 밖에 없었다. 다시 신림동으로 들어가 학원도 다녀야 할 것 같고, 정보도 입수해야 할 것 같았다. 그렇지만, 돈이 없었고 돈을 마련할 수 있는 길도 보이지 않았다. 어쩔 수 없이 안산에서 같이 공부하던 친구에게 30만 원을 빌려 필요한 책을 사가지고 안타까움과 서글픈 마음으로 고향으로 발길을 돌렸다. 고향집 사랑방에서 그런 슬픈 마음을 달래며 또 3개월 정도를 공부했다.

그러나 그렇게 해서는 도저히 될 것 같지가 않았다. 궁여지책으로 농협에 다니는 외사촌 형님을 통해 영농자금 명목으로 500만 원의 융자를 얻었다. 그리고 그 돈을 가지고 신림동으로 들어와 본격적인 2차 공부를 시작했다. 그러나, 그런 노력도 헛되어 95년 외무고시 2차 시험에서 좌절의 아픔을 맛보아야 했고, 내 앞길에는 지금까지 보다 더욱 힘든 험난한 길이 기다리고 있었다.

지난 6년간 어느때를 막론하고 나의 심신을 피곤하게 했던 것이 바로 돈 문제였다. 그것만 아니었다면 6년이라는 긴 세월이 걸리진 않았을 것이다. 그렇지만 아쉬움은 없다. 오히려 그런 상황에서 내가 해냈다는 것이 가슴 뿌듯한 자부심으로 남아있다. 그리고 뜻이 있는 곳에 길이 있다는 격언을 실감하며 앞으로 매사에 자신감을 가지게 한다.

길이 있다면 걸어야 한다. 주저 앉아 '이래서 안되고 저래서 싫고' 하며 한탄하는 것은 너무나 어리석은 일이다. 우선 길이 있음에 감사해 보라.

더 이상 좌절은 없다
— 2차 시험일 6월 26일부터 7월 2일까지 —

　첫날 행정법 시험지를 받아든 앞자리의 학생들 표정이 묘했다. 한마디로 황당한 표정을 짓는 것 같았다. 맨 뒷줄에 앉아 있던 나는 도대체 어떤 문제길래 저런 표정을 짓고 있는 것일까? 하는 생각을 하며 시험지가 오기를 기다렸다. 받아본 순간, 나역시 당혹스러웠다.
　거의 공식처럼 굳어져 가던 사례 문제가 없고 논술 문제와 약술 문제 뿐이었다. 그나마 논술 문제는 정확한 논점과 연계시켜야 할 이론의 틀이 생각이 나질 않았다.
　아! 첫날부터 불길한 예감이 들었다. 겨우 겨우 답안지 분량만 채워 제출하고 나오는 심정은 한마디로 억울함이었다. 사례 문제에 집중 대비 했는데 그게 안나오다니, 게다가 논술 문제도 하필 내가 가장 취약한 부분에서 나왔으니 말이다. 또다시 낙방에 대한 두려움이 밀려 들기 시작했다.

둘쨋날은 국제경제학이었다. 금융론 파트에서 출제된 논술 문제는 이게 왠 떡이냐 싶었다. 예상문제가 적중했던 것이다. 그러나 무역론 파트에서 출제된 경제 통합은 평소 너무 쉬운 문제라고 단정, 정리도 해놓지 않고 책도 보지도 않은 예상 외의 문제였다. 멋지게 한 판 당한 꼴이었다.

셋째날은 국제법. 다소 예상외의 문제가 나왔으나 그냥 무난하게 치른 느낌이었다. 넷째날은 행정학이었다. 행정학 문제를 받는 순간 야호, 하는 환호성을 지르고 싶었다. 가장 자신이 없었고 그래서 공부도 가장 소홀히 한 행정학에서 가장 기본적인 세 문제가 책 내용 그대로 출제가 된 것이었다. 애시당초 고득점을 목표로 하지 않았지만 은근히 고득점 욕심이 생길 정도였다.

다섯째날은 영어. 영어 시험지를 받아 드는 순간, 미리 주제별 작문을 연습하지 않은 것이 후회스러웠다. 어쩔수 없이 임기응변에 의한 창작을 할 수밖에 없었고 그 때문에 발표때까지 점수 걱정을 했는데 점수는 의외로 좋았다. 80점이었다.

마지막 날은 일어, 선택과목이었다. 시험지를 받고 내 눈을 의심했다. 시험을 포기해야 하는건 아닌가 하고. 우리나라 1920~1930년대 소설을 일역하는 문제와 일본의 근대문학 작품을 한역하는 문제는 비문학도들에게는 마치 시험을 치지 말라는 말처럼 보였다. 후에 점수를 보니 행정법과 함께 평균 점수를 깎아먹는 주범이 되었다.

7월 2일 모든 시험을 마치고 돌아오는 길은 홀가분함과 억울함이 뒤섞여 있었다. 행정법이야 필수과목이니 내가 어려우면 남도 어렵겠지만 일본어는 선택 과목으로 정말 너무한 것 같은 느낌이 들었다. 아마도 일어를 선택해서 합격한 사람은 나 외엔 없었던 것 같다.

나 김종영, 드디어 합격하다

　10월이 되니 다시 찬바람이 불기 시작했다. 찬바람이 분다는 것은 다시 공부할 때가 되었음을 말하는 것이다. 그러나 나는 더 이상 공부할 수 없었다. 운명의 1997년 10월 9일을 하루 앞두고 과연 내가 남들과 비교해서 시험을 잘 치른 것인지조차 이제는 알수 없었다.

　답안지에 내가 무엇을 썼는지 무슨 문제가 나왔었는지조차 뚜렷이 기억이 나질 않았다. 이런 생각 저런 생각에 밤새도록 뒤척거리다 잠을 못 이뤘다. 날이 새자 마음은 더욱 불안했다. 방안에 있을 수가 없었다. 아침 식사를 하는 둥 마는 둥 사람들의 눈길을 피해 관악산에 올랐다. 산길을 수없이 헤매이며 산속의 절 주변을 맴돌다 해질 무렵 산에서 내려왔다.

산에서 내려와 서점 주변을 여기저기 기웃거리는데 서점 앞에 사람들이 무더기로 서서 웅성거리고 있었다. 아! 발표가 났구나. 설레임보다는 두려운 마음으로 서점의 게시판 앞에 섰다. 그 순간 지나간 34년 세월의 영상이 내 눈앞에 주마등처럼 스쳐갔다. 내 수험 번호가 비교적 앞쪽이라 맨위부터 훑어 내려오는데 앞 사람들의 머리 위로는 내 이름이 없었다.

하늘이 나에게 다른 일을 명하는구나, 하고 돌아서려는 순간, 앞에 서 있던 사람 중 하나가 뒤로 나오며 그 사람의 머리에 있던 자리에 내 이름 석자가 어렴풋이 보였다. 믿기지 않는 마음에 다시 한번 확인하려고 더욱 앞으로 다가가 번호와 이름을 확인했다. 내 이름, 김종영이었다. 그래도 다시 한번 눈을 비벼보며 확인해 봤다. 틀림없었다.

순간 내 눈에는 이슬이 맺혔고, 가슴속에서 울컥하는 것이 목으로 치밀어 왔다. 그대로 서 있다간 울음이 터질 것 같아 더 이상 서 있을 수가 없었다. 아무런 말도 할 수 없는 상황에서 가슴을 진정시키며 자취방에 올라왔다. 수 백번을 오가던 그 길이 그 날은 왜 그리도 낯설고 어색했는지 모른다. 무슨 생각을 하며 자취방까지 왔는지 기억이 나질 않는다.

전화기를 들고 고향집 전화번호를 꼬박 꼬박 눌렀다. 여느 때와 같은 아버지의 목소리를 듣고 "아버지, 저, 합격했어요 .....", 그리고 한동안 침묵이 흘렀다. 아버지는 너무 감격한 나머지 아무 말씀도 못하셨다. 나 또한 더 이상 무슨 말을 할 수 없었고, 눈물만이 하염없이 계속 뺨을 타고 흘러 내렸다.

사람이 가슴으로 진정 기쁠 때는 용암처럼 뜨거운 눈물이 나온다는 걸 그때 처음 알았다.

몇 년만인지 모르겠다. 큰 형님이 돌아가셨을 때는 너무도 믿기지 않고 어이가 없어 눈물을 흘리지도 못했다. 아마도 중 2때 공납금을 내지 못해 학교를 쫓겨 나며 서럽게 울었던 이후로 처음 흘린 눈물이었다.

아직 최종 3차가 남아있긴 하지만, 나는 이것으로 내가 원하던 그 모든 것, 지금까지 가슴속에 한으로 남아 있던 바로 그것을 이룬 것 같았다.

그럼에도 불구하고 후회는 남는데

　지난날을 돌이켜보면 후회스러운 것들로 점철되어 있다. 조금만 더 성실했더라면, 오늘 이런 참담한 모습은 되지 않았을텐데 하는 아쉬움과 후회들 말이다. 내게 가장 후회스런 일을 몇 가지를 꼽으라고 한다면 첫째로, 초·중학교 시절 숙제를 하지 않았던 습관을 들 수 있다.
　그 시절 나는 숙제 뿐만 아니라 수업 시간에 필기조차 하지않는 나쁜 버릇이 있었다. 그 때문에 매도 많이 맞았지만, 그것이 훗날 나를 그렇게 괴롭힐 줄은 꿈에도 생각하지 못했다. 고시 시험을 치를 때면 필기 속도가 느려 주관식 시험을 볼때마다 답안지를 제대로 메꾸지 못하게 되었다. 나이 서른살이 넘어 고시를 보면서 비로소 그것을 뼈저리게 후회하게 되었지만 때는 이미 늦고 말았다.

나에게 항상 양심의 가책 속에 살아가게 하는 것이 또 하나 있다. 80년대 중반, 한때 피라밋식 다단계 방문판매조직에 휩쓸려 내 주변의 친구들과 지인들에게 물질적인 피해를 주게 된 것은 지금도 마음에 걸린다. 평소 귀가 얇다는 말을 자주 들었던 내가 너무 경거망동을 한 대표적 사례였고, 그 이후 행동거지에 많은 조심을 하게 되었다.

내가 사랑하고 아끼는 조카들에게 언제 변변한 선물 한번 하지 못한 게 또한 후회스럽다. 물론 조카들의 숫자가 많기도 하지만 작은 것이라도 내 마음을 전할 수 있는 그런 선물을 했어야 했는데, 그런 배려가 없었던 것 같다.

두 번에 걸쳐 무자격 학원강사를 했던 것이 역시 후회스럽다. 학원강사를 했다는 사실 자체보다도 능력이 충분히 있었는데도 불구하고 학력의 벽에서 무너져, 나 자신을 떳떳하게 밝히지 못했다는 것이 후회스럽다.

누구나 살다보면 양심의 가책을 받을 만한 일을 한 두번은 한다고 변명 아닌 변명을 해 본다. 그렇지만 그런 일을 반복한다면 자신의 도덕관념을 마비시켜 양심마저 잃어버릴 위험이 있다. 항상 자기를 반성하고, 심사숙고 끝에 행동해야 하는 이유가 여기에 있지 않을까 한다.

두 가지 꿈

나에겐 두 가지 꿈이 있었다.

첫 번째는 어릴 적부터 꿈꾸어 오던 외교관이 되는 것이었는데 이제 첫 번째 꿈의 모습이 보이기 시작한다. 분명 아직 꿈을 이룬 것은 아니지만 꿈꾸어 오던 길이 열리는 것 같다.

경제 외교관이라고 할 수 있는 국제통상 전문가가 될 수 있는 첫 단추를 우여곡절 끝에 드디어 끼우게 되었다. 이제 남은 것은 부족한 지식을 더욱 연마하고 선배 전문가들로부터의 소중한 경험을 전수받아 내 것으로 만들어, 진정한 국가와 국민의 이익을 정책이나 대외 협상에 반영하는 훌륭한 전문가가 되는 것이다. 그 길이 얼마나 험난한지는 알 수 없다.

그렇지만 그 길은 정말 가치있는 일이고, 또 나에게 그런 일을 할 수 있는 기회가 주어졌다는 것을 정말로 영광스럽게 생각한다. 나 개인의 이익을 떠나 이웃, 사회, 국가를 위해서 일할 수 있다는 것이 얼마나 가치있고 또한 어려운 일인가? 앞 길에 아무리 많은 장애물이 도사리고 있다고 하더라도, 허들 경주의 선수처럼 내 모든 힘을 다해 앞을 보며 슬기롭게 헤쳐 나가겠다고 굳게 다짐해본다.

두 번째 꿈은 훌륭한 남편, 아버지가 되는 것이다. 고시시절 스터디 멤버중 아주 근사한 아버님을 모시고 있는 친구가 있었다. 그 분을 한번도 뵌 적은 없지만, 그분의 아들을 보면 그 분의 인격과 자녀 교육관을 알 수 있을 것 같았다. 구김살없는 그 친구의 성격과 지혜로운 처세를 보았을 때, 그의 부모님의 인격과 교육관을 알 수 있었다. 아내에게는 자상하고, 자식들에게는 인자하면서도 엄격한 그런 가장이 되어 날마다 삶의 의미를 느낄 수 있는 행복한 가정을 만들어 가는 것이 또 하나의 양보할 수 없는 꿈이다.

과거에 그랬던 것처럼, 다른 모든 것에서는 남에게 져도 좋다. 그러나 단 두가지 꿈, 훌륭한 전문가와 훌륭한 가장이 되는 것만은 반드시 이루고 싶다. 그것은 남과의 경쟁이라기보다는 나와의 싸움일 것이다. 그런 꿈을 이루기 위해서 남에게 지는 것은 감수할 수 있으나, 나 자신에게 스스로 져 포기하는 일은 결코 없을 것이다.

살아가면서 승부 근성이 필요한 때가 있다. 모든 것에서 남을 이기려고 하면 아무것도 이길 수 없고 한, 두가지 면에서만 자기를 이기고 남을 이기려 한다면, 그것은 가능할 것이다. 성공하는 전문가, 행복한 가장 그 두가지 면에서만 나 자신을 이기고 어쩔 수 없이 그것이 남과의 경쟁이 된다 하더라도 반드시 이기고 싶다.

3부

지혜로써 인생의 일용할 양식을 삼아라

인생은 한 편의 드라마

인생의 무게가 느껴질 때

온고지신, 옛것의 힘

당신만의 향기가 묻어나는 좌우명이 있는지

그는 어디서 무엇을 하는가

불가능에 대해 곰곰이 생각하니

착하게 살아야 하는 이유

피 보기가 무서웠던 시절

출세와 성공을 나누는 큰 차이

두려움을 뒤집으니 용기가 얼굴을 내민다

가난은 유전되는가

가난보다 더 무서운 것이 있다

스트레스여 가라!

꺾이면서 인생을 배운다

이런 여자가 좋다

내가 아는 진정한 사랑

인생은 한 편의 드라마

 흘러간 청춘은 되돌아오지 않으며, 인생은 연극이 아니라고들 한다. 이 말은 삶의 자세가 진지하지 못한 사람에게 흔히 하는 충고이다.
 진정 인생은 재연할 수 없는, 오로지 단 한번 밖에 펼쳐지지 않는 것이라는 점에서는 인생은 연극이 아니라는 말이 타당한 것처럼 들린다. 인생 어느 시점에서도 실수로 NG가 나왔다고 지워버리고 다시 찍을수 없으며, 완벽한 연출과 연기를 위해 연습을 여러 번 해볼 수 있는 것도 아니다. 인생은 연습으로 살 수 없는 것임에는 분명하다.
 그렇지만 나는 인생을 감히 드라마요, 연극이라고 말하고 싶다. 우리네 인생은 각자가 원작, 극본, 연출, 배우를 혼자서 맡아서 하는 한편의 드라마라고 생각한다. 단지 연습과

재생이 불가능한, 단 한번만 무대에 올려지는 그런 드라마인 것이다. 그러면 멋진 드라마가 되기 위해서는 어떻게 해야 하는 것일까.

우선 인생이란 드라마의 주인공은 바로 자신이며 조연과 관객은 가족, 친구 등 주변 사람들이다. 성공적인 인생을 살고, 멋진 드라마가 되기 위해서는 주연 배우인 자신의 연기 능력이 뛰어나야 된다. 그러한 뛰어난 능력은 타고난 소질과 후천적인 노력에 의해서 만들어 지는 것이다. 타고난 소질과 최선의 노력이 합치된다면 멋진 연기를 할 수 있는 명배우가 될 것이다. 허나 둘 중의 하나가 부족하면 평범한 배우가 되고, 둘 다 부족하면 관객들만 실망시킬 것이다. 내가 주인공이란 의식을 가지고 멋진 주인공이 되기 위한 노력을 아끼지 않을 때 드라마는 완성도가 높아 진다.

둘째, 훌륭한 원작이 있어야 한다. 물론 원작자는 나 자신이다. 원작이란, 인생이란 드라마의 기본 방향을 잡아 주는 것이다. 무엇이 되고자 하는 꿈이 원작에 해당한다고 말할수 있으며 훌륭한 드라마를 위해서는 아름다운 꿈이 두 번째 요건이다. 무엇이 아름다운 꿈일까? 그것은 각자의 가치관의 문제이지만 나와 사회에 이로운 꿈이 아름다운 꿈일 것이다.

셋째로 멋진 극본을 만들어야 한다. 인생이란 드라마의 극본은 생활 계획이며 꿈을 이루어가는, 즉 원작을 구현하는 구체적인 행동 계획이다. 극본을 잘써야, 즉 계획을 잘 세워야 시행착오나 시간의 지연없이 인생이란 드라마를 완성할 수 있다.

넷째로 멋진 주연 배우와 원작, 극본이 구비되었어도 훌륭한 연출없이는 드라마를 완성할 수 없다. 인생이란 드라마의 연출은 처세술이며, 연출자 또한 자기 자신이다. 훌륭한 연출, 즉 무리없는 처세를 위한 비결은 인간 관계에 관한 지혜를 터득하는 것이다.
　이처럼 인생은 원작, 극본, 주연, 연출을 모두 자신이 해야 하는 한 편의 드라마인 것이다. 그런데 소설가, 극본을 쓰는 방송작가, 탤런트나 배우, 연출자들은 제각기 그들이 맡은 일이 매우 어려운 작업이라고 토로한다. 실제로 그렇다. 어느 한 가지만이라도 결코 쉽지 않은 어려운 일임에 틀림없다.
　그런데 하물며 네 가지를 혼자서 다하는 인생이란 드라마의 주인공은 얼마나 어려울까? 그러니 인생에 있어서 성공이란 것이 얼마나 어려운 것인가는 상상이 갈 것이다. 그렇지만 어렵다고 포기할 수 없는 것이 인생이란 드라마이다. 어렵기 때문에 성공이 더욱 값진 것이 아닌가.
　여기서 말한 성공이란 반드시 출세를 일컫는 것은 아니다. 원작자가 의도한대로, 극본대로, 훌륭히 연출해서 주인공인 자신이 관객들로부터 인정받고 만족하면 성공했다고 할 수 있는 것이다.
　지금부터 인생의 원작을 만들고, 극본을 쓰고, 스스로 주인공이 되어 연출해 보고 싶지 않은가? 그리하여 먼 훗날 드라마가 완성되는날 자신의 관객으로부터 감동에서 우러난 뜨거운 눈물의 호응을 받으며 무대를 떠나는 멋진 주인공이 되고 싶지 않은가?

인생의 무게가 느껴질 때

　아직 인생의 무게가 얼마나 무거운 지는 잘 모른다. 아직 결혼도 하지 않았고, 자식도 없다. 그러기에 한 사람의 가장이 느끼는 그런 삶의 무게는 어떤지 알 수가 없다. 하지만 이 한 몸, 자체의 무게마저 감당하기 힘들 때가 가끔 있다.
　그것은 나만이 겪는 것이 아닌, 대부분의 사람들이 성장 과정에서 또는 사회에 적응하면서 느끼게 되는 삶의 무게일 것이다. 그런 삶의 무게를 느낄 때 떠오르는 시가 있다. 그것은 다름 아닌 푸쉬킨의 '삶'이라는 시이다.

　"생활이 그대를 속일지라도 슬퍼하거나
　노여워 하지 마라.
　설움의 날 참고 견디면 머지 않아 기쁨이 오리니.

현재는 언제나 슬픈 것, 마음은 미래에 살고
모든 것은 덧없이 지나가고
지나고 나면 그리워 지나니."

　삶의 무게가 느껴질 때 이런 시를 음미해 보면 조금은 위로가 될 것이다.
　때로는 인생이 무상해지고, 무의미해져 허무감에 빠져들 때도 있을 것이다. 나 또한 청년 시절 아무런 희망 없이 방황할때도 죽도록 외로웠다. 그런 때 읊어보던 시가 롱 펠로우의 '인생예찬'이라는 시였다. 롱 펠로우의 '인생예찬'을 암송하다보면 뭔가 삶의 의욕이 솟아 오르곤 했다. 울적하고 나른할 때는 인생예찬을 낭송하거나, 베르디의 오페라 '아이다'에서 나오는 개선행진곡을 듣거나, 쥬페의 서곡 '경기병'을 들으면 나도 몰래 뭔가 하고 싶은 욕망이 저절로 생겼다.
　어떤 때는 바라는 일이 쉽사리 이루어지지 않아 조바심이 날때가 있다. 특히 나이는 먹어가고 시험은 자꾸만 떨어지는 상황에서는 더욱 더 그랬다. 그럴때마다 마음속으로 읊어보는 시, 미당 서정주 님의 "국화옆에서"이다.
　"한송이 국화꽃을 피우기 위해 소쩍새는 봄부터 그렇게 울었나 보다."
　한송이 꽃을 피우기 위해 소쩍새가 그렇게 울 듯이 '성숙한 인간이 되기 위해서는 아직도 흘려야 할 눈물이 남아 있어서, 하늘이 나를 울게 하는구나' 하는 생각을 하면 오늘의 괴로움은 언젠가는 피어날 꽃을 위한 산고의 진통과 같은 것이구나 하고 스스로를 위로할 수 있게 된다.
 이런 생각들을 하다 보면 조바심이 누그러지고, 인생을 멀리 볼 수 있게 된다. 인생의 고비 고비마다 이 시처럼 인간의 감정을 순화시켜 주는 것은 없는 것같다. 사랑하는 사람으로부터 버림 받을 때 '진달래꽃'을 읊어 보면 떠나버린 님이 원망스럽지 않게 될것이며, 한 사람을 사랑하게 될 때 김춘수님의 '꽃'을 생각하면 참사랑의 의미를 깨우칠수 있게 될 것이다.
 참으로 오랫동안 시집 하나, 소설책 한 권 사보지 못한 것 같다. 이제 다시 시집을 통해 사랑을 느끼고 인생을 느끼는 그런 삶으로 되돌아 가고 싶다. 공부는 지식을 쌓을 수는 있으나 아름다움과 사랑을 느끼는 감성과는 거리가 멀다. 끊임없는 진리 탐구도 중요하지만, 삶을 윤택하게 하는 감성도 못지 않게 중요하다. 그래서 아픔을 이기고, 즐거움을 노래하기 위해서는 시 몇 편 정도는 외워두는 것이 좋지 않을까?

온고지신, 옛것의 힘

어떻게 사는 것이 지혜로운 삶일까? 여기서 필자는 '잡보장경'에 있는 지혜로운 삶에 관한 말을 인용해 보고자 한다.

"걸림 없이 살줄 알라.
유리하다고 교만하지 말고 불리하다고 비굴하지 말라
태산같은 자부심을 갖고 누운 풀처럼 자기를 낮추어라"

흔히 우리는 형편이 조금 유리해지면 교만해지기 쉽다. 자기보다 조금만 못한 처지에 있는 사람을 보면 깔보고, 무시하기 일쑤다. 반대로 조금 형편이 불리하면 비굴해지는 사람을 흔히 본다. 그 대표적인 예가 대학이 서열화되어 자기보다 조금 수준 높은 대학에 다니는 사람을 보면 열등감에 휩싸여 비굴한 자세가 되고, 조금 수준이 낮은 대학에 다니는 사람을 보면 우월감에 젖어 상대를 무시하려 든다.

이러한 성향을 정치학에서는 권위주의적 성향을 가진 사람이라고 한다. 형편이나 처지의 유리함이나 불리함에 관계없이 항상 겸손하고 당당한 태도를 유지하는것, 그것이 지혜로운 삶의 첫 번째 요건이다.

"무엇을 들었다고 쉽게 행동하지 말며,
그것이 사실인지 깊이 생각하여
이치가 명확할 때 과감히 행동하라"

귀가 얇아 솔깃한 소리만 들으면 앞 뒤 가리지 않고 쉽게 행동하는 사람이 있다. 반대로 이치가 자명한데도 의심이 의심을 불러 행동으로 옮기지 않는 사람도 있다. 우리 속담에 '빈대 잡으려고 초가 삼간 다 태운다'라는 말이 있고, '구더기 무서워 장 못담근다'는 말이 있다. 이치를 따지지 않고 성급히 행동하면 작은 것을 얻으려다 큰 것을 잃는 경우가 있고, 어리석은 의심으로 망설임이 지나치면 중요한 일을 놓치는 경우가 있다.

매사에 심사숙고 하는 자세와 반드시 해야 할 일을 과감히 추진하는 자세를 갖는 것이 지혜로운 삶의 두 번째 조건이다.

"역경을 참아 이겨내고
형편이 잘 풀릴 때 조심하라."

어떠한 어려움도 피하지 말고 극복하며 호사다마라는 말이 있듯이 형편이 잘 풀릴 때일수록 나쁜 일이 끼기 마련이니 스스로 경계하는 것이 지혜로운 삶의 세 번째 조건이다.

"재물을 오물처럼 볼 줄도 알고
터지는 분노를 잘 다스려라.
때로는 마음껏 풍류를 즐기고
사슴처럼 두려워 할 줄 알고
호랑이처럼 무섭고 사나워라."

부당하게 취한 재물을 오물처럼 보는, 황금 보기를 돌같이 할 줄 아는 것이 지혜로운 삶의 네 번째 조건이요, 자신의 격한 감정을 마치 파도타기처럼 감정을 타고 유연하게 다스려야 한다는 것이 다섯번째 조건이다.

놀때는 유쾌하게 놀줄 아는 것이 여섯 번째, 의로운 일에는 행여나 잘못될까 사슴처럼 두려워 조심스러워 할 줄 아는 것이 일곱 번째이며 불의를 볼 때는 맹수처럼 무섭고 사납게 덤빌 수 있는 것이 지혜로운 삶의 여덟 번째 조건이다.

이러한 여덟 가지 삶의 지혜를 한 마디로 요약한다면 시시비비를 가려서 행동하되, 항상 지나침이 없게 행동하라는 말일 것이다.

나만의 향기가 묻어나는 좌우명이 있는가

   사람은 누구나 의식을 하던 하지 않던 간에 자신의 생활 철학인 좌우명을 가지고 있다. 나 또한 어려서부터 아버님으로부터 받은 교훈들과 나 스스로 생활하면서 직·간접적인 경험을 통하여 얻은 내 나름의 좌우명들을 가지고 산다.

   특별히 신식 교육을 받으신 바 없는 아버지는 한학을 하시던 할아버지로부터 전수 받은 몇 가지 교훈을 항상 내게 일깨워 주셨다. 어렸을 때는 그런 말을 들을 때마다 대강의 뜻은 알았으나 그렇게 피부에 와 닿지는 않았다. 어쨋든 그러한 교훈들이 피상적이나마 머리속에 남아 있었고, 훗날 철들고 부터는 부지불식간에 나에게 중요한 좌우명들이 되어 버렸다.

   아버지께서 내게 주신 교훈들을 몇 가지만 소개 하자면

다음과 같다.

　아버지께서는 가르쳐 주신 '주자십회' 중 다음 세 가지가 항상 머릿속에 각인돼 있었다. 첫째는 '젊어서 부지런히 배우지 아니하면 늙어서 후회한다' 둘째는 '주색잡기를 삼가하지 아니하면 병든 뒤에 후회한다' 마지막 셋째는 '있을 때 절약하지 아니하면 곤궁해진 뒤 후회한다' 이 세가지 교훈은 일생을 살아가며 항상 음미해 볼 필요가 있다고 생각한다.

　특히 세 번째 교훈은 과소비와 향락 풍조에 젖어 IMF관리 체제까지 이르게 된 오늘날 우리 국민이 곱씹어야할 교훈인 것 같다. 첫 번째와 관련된 교훈이지만 주자의 '권학문'에 들어있는 내용중 일부분을 인용하자면 '오늘 배우지 않고 내일이 있다고 말하지 말라', '소년은 늙기 쉽고 배움은 이루기 어려우니 짧은 시간인들 가볍게 여기지 마라' 라는 구절이 있다. 이는 '오늘 할 일을 내일로 미루지 말라' 는 뜻으로 알려진 교훈이지만 생각할수록 가슴에 와 닿는 교훈이다.

　내 경험에 비추어 보건데 적어도 20대 중반까지는 정말 세상에 겁나는 것이 하나도 없었다. 젊음이 있기에 미래는 장미빛 같았고, 오늘 분발하지 않아도 쇠털같이 많은 나날, 내일하면 될 것 같았다. 그러나 지나고 보니 젊음은 순간이요, 그 시절의 안이하고 나태한 생활들이 그렇게 후회스러울 수가 없었다.

　어느덧 나이는 30대에 이르러 아는 것은 없고, 미래는 불투명하고, 위기감에 휩싸여 있을 때 비로소 앞에서 언급한 교훈들이 내 가슴에 뼈져린 통증으로 다가왔고 나는 비로소 변화하기 시작했다. 사람이란 어찌 실수를 한 후에야 지혜를 얻는단 말인가. 그래서 가능한한 시행착오는 적게, 작게 하라고 말하고 싶다.

근 6년간의 기나 긴 수험 기간동안 기초가 없는 만학의 어려움과 경제적 어려움 등 모든 어려움을 극복하고, 오늘의 작은 성취를 이룩하게 된 데는 항상 앞의 교훈들을 머리속에 새기면서 하루 하루 성실히 살아온 덕분이라고 감히 생각해본다.

청소년들이여 스스로 어려운 일에 도전해 보라, 그리고 포기하고 싶고, 나태해질 때 앞에서 말한 교훈들을 음미해 보라. 위기에 직면하지 않으면 아무리 좋은 교훈도 가슴에 와 닿지 않을 것이다. 반드시 무언가 목적을 달성하려고 의지를 불태울 때, 그러한 교훈들은 자신의 삶을 지탱해 주는 진정한 좌우명이 될 것이다.

그는 어디서 무엇을 하는가

　친구를 만나고 사귄다는 것은 참으로 소중한 것이며 친구로 인해 자신의 운명이 바뀔 수도 있을 만큼 중대한 것이다. 옛날부터 '近朱者赤이요, 近墨者黑이라'는 사자성어가 있고 유유상종이라는 말이 있지 않은가! 좋은 친구와 어울리면 자신 또한 선한 사람이 되고, 사악한 친구와 어울리게 되면 자신 또한 악에 물들기 마련이다.
　나의 경우 35년간의 인생을 살아오며 무수한 사람을 만나고 사귀어 보았지만 정말로 의미있는 만남은 열 손가락 안에 꼽을 정도다. 여느 사람과 마찬가지로 나에게는 소중한 소꿉 친구로부터 시작해서 초·중·고등학교 동기 등 나와 환경이 비슷한 친구가 주류를 이루고 직장 생활과 사회 생활, 고시 생활 도중에 나와는 삶의 환경이 전혀 다른 사람들을 만나게 되었다.

그 중 나에게 진정 의미있는 첫 번째 만남은 외무고시 1차 합격후 2차 스터디를 위해 만났던 멤버들로, 도전과 좌절 그리고 합격이라는 비슷한 과정속에서 서로가 서로를 격려하던 그런 친구들 이었다.

두 번째로 나에게 가장 큰 도움이 되었던 만남은 96년 행시 2차 시험장에서 만났던 이만복 씨와의 만남 일것이다. 당시 행시 1차에 막 합격한 상태에서 2차 대비가 제대로 되어 있지 않았던 나는 시험장에서 다른 사람들은 한 자라도 더 보려고 쉬는 시간에도 열심히 책을 보는 와중에서 별 할 일 없이 복도를 빈둥거리며 말동무를 찾고 있었다. 만복씨도 그해 외무고시 2차에서 떨어진 충격에서 아직 헤어나지 못한 채 복도끝 베란다에서 담배만 벅벅 피워 대며 말동무를 찾고 있는 것 같았다.

그때 그에게 다가가 신림동에서 몇 번 마주친 적이 있지 않느냐며 인사를 건넸고, 그 또한 그런것 같다며, 심심한데 얘기 좀 하다 들어 가자고 했다. 그렇게 시험기간 내내 어울리다, 시험이 끝나자 고의는 아니지만 헤어져 버렸다. 그렇게 소식도 모르고 지내다가 96년 11월경, 97년 2차 공부에 들어갈 무렵 우연히 신림동에서 그를 다시 만났다.

그때부터 우리는 같이 공부하기로 약속하고 같은 독서실에 자리를 잡고, 공부를 시작했다. 공부 과정에서 그가 만든 국제법 요약노트를 제공 받았으며, 그것은 정말 유용했고 많은 도움이 되었다.

그와 몇 달간 같이 공부하다가 나보다 나이가 2살 적은 그는 외무고시 마지막 기회에 대한 미련과 불확실성을 조금이라도 줄여보자는 의도로 97년 외무고시를 시험삼아 응시했다, 1차와 2차, 3차를 거푸 합격하는 행운을 잡았다. 그러자 원래 목표로 했던 행시 국제 통상은 스스로 포기해 버리고 말았다. 결국 약 7~8개월간을 같이 공부하다가 시험은 나 혼자 보게 되고 말았다.

그가 포기하게 되자 강력한 경쟁자 한 명이 없어졌다는 약간의 안도감과 동지가 없어져 혼자서 고군분투 해야 한다는 섭섭한 마음이 동시에 나를 엄습했다. 같이 공부하는 동안 함께 소주병을 꽤나 비우면서 나의 성격이나 공부 습관의 문제점을 끊임없이 지적해주고 충고를 해주던 그에게 머리 숙여 깊이 감사를 드리며, 앞으로도 영원히 좋은 친구가 되었으면 하는 바램이다.

불가능에 대해 곰곰히 생각하니

　어릴적부터 들어온 나폴레옹의 유명한 명언인 "나의 사전에 불가능이란 말은 없다.", 유신치하에서 들어 왔던 새마을 운동의 "잘 살아 보세, 하면 된다, 근면, 자조, 협동."
　불가능이란 없다는 의미의 이런 말들을 도대체 몇 번이나 들어왔는지 헤아릴 수 조차없다. 그러면 진정 이 세상에 불가능이란 없는 것일까? 불가능한 일이 없다면 "불가능이란 없다"는 말도 생기지 않았을 것이다. 왜냐하면 당연히 없는 것은 생각하지도 않기 때문이다.
　또한 불가능이 없다고 말했던 나폴레옹도 결국 트라팔카 해전에서 넬슨 제독에게 참패하여 영국 봉쇄에 실패했고 모스크바 원정에서는 추위에 지고, 워털루 싸움에서 패하여 유럽제패의 꿈을 실현시키지 못한 채 대서양의 외딴섬 세인트

헬레나에서 외롭고 쓸쓸한 최후를 맞았던 것이다.

 그렇다 이 세상엔 불가능한 일도 많고, 가능한 일도 많다. 우리에게 중요한 것은 불가능이 있냐 없냐의 문제가 아니라, 진정으로 가능한 것과 불가능한 것을 구별할 수 있는 지혜가 필요하다는 것이다.

 자연 현상과 같은 인간으로서는 어찌 할 수 없는 일에 도전하는 우둔함과 충분히 할 수 있는 인간사의 일도 조금 힘들다는 이유 때문에 회피하는 비겁함을 합리적으로 판단하는 능력이 필요한 것이다. 우리 주변에는 자신의 한계를 망각한 채, 불가능한 일에 매달려 청춘을 허비하고 인생의 낙오자가 되는 경우를 많이 볼 수 있다.

 또한 자신의 잠재력을 발휘하지 못한 채 운명 아닌 현실에 짓눌려, 그것을 운명으로 생각하고 스스로를 속박시키며 체념하고 살아가는 사람도 있다. 올바른 일이며 할 수 있다는 걸 알면서도 그에 수반된 육체적, 정신적 고통이 두려워 소극적으로 살아가는 사람들 역시 많다.

 병법에 "지피지기, 백전 불패"란 말이 있다. 불가능과 관련하여 자기 자신의 능력과 그 한계를 알고, 하고자 하는 일의 난이도를 알고 있다면 그 사람은 반드시 성공할 것이다. 자신의 한계와 일의 난이도를 알기 때문에 불가능한 일에 함부로 덤비지 않을 것이다. 결국 자신의 능력과 일의 난이도 그리고 그 일의 가치를 안다면 가치 있는 일을 쉽사리 포기하지 않을 것이다.

결론적으로 이 세상에는 가능한 일과 불가능한 일이 있으며, 우리에게 필요한 것은 그것을 구별하는 지혜이다. 따라서 자기를 알기 위해 깊은 자기 성찰과 경험있는 사람의 조언과 독서가 필요한 것이다.

지혜를 갖기를 원한다면 훌륭한 친구를 사귀고, 책을 가까이 하라.

착하게 살아야 하는 이유

　운명의 갈림길에 서 있을 때, 모든 지나간 일들이 한 편의 영화 필름처럼 머리속을 스쳐 지나 간다. 2차 시험을 치르고 발표가 있기 전까지의 약 100일간과 3차 시험을 치르고 최종 발표가 있기까지의 약 일주일간의 시간. 시간이 지나감에 따라 불안감은 가중되어 가고, 결과에 대한 두려움이 온 몸을 전율케 할 정도였다.
　이러한 중대한 갈림길에서 항상 떠오르는 것들, 과거의 잘못과 죄들이었다. 지금껏 실정법을 위반하여 죄를 지은 적은 없지만 옹졸한 이기심에 친구를 섭섭하게 하고, 작은 이익을 위해 도의에 어긋난 행동으로 남에게 피해를 주었던 일 등 끝없이 양심의 가책을 느끼게 하는 기억들이 되살아난다. 그런 죄 많고 부도덕한 자신을 하늘이 천벌을 내려 불합격 시킬 것같은 불안감이 엄습해 왔다.

그럴때마다 '하늘이시여, 지나간 과거를 용서하소서! 앞으로는 참으로 착하게 세상을 살겠나이다.' 하고 마음속으로 빌고 또 빌어 본다. 바로 여기에 선하게 살아야 하는 한가지 이유가 있는 것 같다. 인생의 중대한 고비에서 불안감과 괴로움으로부터 해방되어 마음의 평화를 얻기 위해서 착하게 살아야 하는 것 같다.

명심보감에 이르기를 "선을 행한 자는 하늘이 복을 내리고, 악을 행하는 자는 하늘이 벌을 내린다."고 되어 있다. 진정 선을 행한 자에게 하늘에서 복을 내리는 것일까? 그리고 악한 자에게는 벌을 내리는 것일까?

복이 무엇이냐가 문제이다. 착한 일을 했다고 해서 하늘이 결코 물질적인 이득을 주지도, 또한 악을 행하였다 하여 하늘이 반드시 육체적 벌을 내리는 것 같지도 않다. 그러면 무슨 복을 준다는 말인가? 다름아닌 마음의 평화라는 복과, 양심의 가책이라는 벌을 내린다. 착하게 살면 복을 받기는 커녕 "봉"이라는 말을 듣기도 하고, 오히려 손해만 본다는 말이 있다.

선한 자는 타인의 단점을 이용하지 않지만, 악인은 선한 사람의 단점을 항상 이용하기 때문에 선한 사람이 손해를 보게 되는 것이다. 그러면 물질적인 손해를 보면서까지 선하게 살아야 하는 것일까? 그렇다. 손해 본다 해도 우리는 착하게 살아야 한다. 선이란 그 자체로써 아름다운, 즉 가치있는 것이기에 대가(복) 여부를 떠나 추구해야 할 정당한 이유가 있다. 이것이 착하게 살아야 하는 두 번째 이유이다.

　결론적으로 물질적인 득실을 떠나, 마음의 평화를 위해서 우리는 착하게 살아야 한다. 선, 그 자체가 아름다운 것이기에 또 소중한 인생의 보물이기에.

피 보기가 무서웠던 시절

　운동선수들 중에는 시합날에는 면도를 하지 않거나, 손발톱을 깍지 않는 버릇이 있는 경우가 허다하다. 그들은 수염이나 손발톱을 잘라 내면 운이 따르지 않는다는 징크스에 시달리고 있기 때문이다.
　지난 여름 우연히 스포츠 신문에서 읽은 이야기지만 모 프로야구 선수는 시합날에는 속옷을 입지 않는다고 하는 기사를 접한 적이 있다. 속옷을 입고 임하면 성적이 신통치 않고, 안입고 경기에 임하면 좋은 성적이 나온다는 징크스때문이라고 했다.
　어디 이 뿐이겠는가. 중요한 시험을 앞두고는 이발을 하지 않는 사람, 미역국을 먹지 않는 사람, 엿을 먹어야 한다는 사람, 찹쌀떡을 먹어야 한다는 사람 등등 이루 헤아릴 수 없는 징크스나 금기 사항들이 우리 사회에 광범위하게 퍼져 있다. 나 또한 예외는 아니었다.

시험날 아침 미역국을 먹으면 왠지 기분이 좋지 않고, 꿈자리가 뒤숭숭하면 하루 종일 불안해하곤 했다. 특히 고시를 시작하고 나서는 특이한 징크스가 새로 생겼다.

92년 첫 시험과 93년 시험에서 원서을 접수하러 갔을 때, 도중에서 헌혈 차량을 만나 헌혈을 권고 받았고 곧 두 번의 시험에서 모두 낙방하자 내 마음 속에서는 헌혈 차량에 대한 징크스가 생기기 시작했다. 세 번째 시험인 94년에도 헌혈을 권고받았지만, 그해 1차 시험에 처음 합격했으며 95년에는 일부러 헌혈차량을 피해 다른 길로 가서 원서를 접수했으나 결과는 낙방이었다.

96년과 97년에도 계속 헌혈을 권고받았으나 정중히 사양하고 원서를 접수했으며 결과는 96년 1차, 97년 2차 그리고 최종합격이었다. 지금 생각하면 그런 징크스는 전혀 근거없는 쓸데없는 우려였다. 미역국의 미끈미끈함이 시험과 무슨 관계가 있겠는가. 헌혈을 권고받는 것과 시험과 또 무슨 관계가 있겠는가.

실제로 헌혈을 했다면 컨디션 조절에 약간의 영향이 있겠지만, 거절하면 그만이지 시험에 영향을 미칠 이유는 전혀 없다. 시험에 있어서 좋은 성적을 거두느냐의 여부는 그 사람의 평소 실력과 그날의 컨디션, 그리고 운이 좌우하는 것이지 무슨 이상한 전조나 징크스에 의해서 좌우되는 것은 아닌 것 같다.

그런 불합리한 징크스로부터 해방되는 길은 스스로 징크스를 만들지 않는 것이다. 한 두번의 실패를 경험한 상태에서 그것과 관련이 있을 만한 무언가를 찾아 억지로 갖다 붙이는 것이 징크스다. 징크스는 거의가 이렇게 스스로 만들어 버리는 것이다.

나의 경험에 있어서도 처음 두 번째 시험까지는 준비가 불충분해서 떨어질 수밖에 없었던 시험을 헌혈차량과 억지로 연관시켜 생각해버린 것이 징크스가 되어 나를 괴롭혔던 것이다. 지나고 보니 정말로 쓸데없는 걱정이었고, 그런 걱정을 했던 내가 그렇게 한심스러울 수가 없다. 나뿐만 아니라 우리모두 쓸데없는 터부(금기)와 징크스로부터 해방되도록 하자.

그것이 우리들이 자유롭고 행복하게 살아가는데 도움이 될 것이다.

출세와 성공을 나누는 큰 차이

　출세는 무엇이고 성공은 무엇인가? 그리고 무엇을 추구해야 하는가. 출세는 한자로 쓰면 出世로 세상에 나가다, 알려지다의 뜻이 될 것이다. 또한 영어로 표현하면 become famous가 되어 유명해지다라는 말이 된다.
　이처럼 출세란 낱말은 객관적인 유명세 또는 사회적 지위를 의미하는 것 같다. 여기에는 어떤 특별한 가치가 개입되어 있지 않다. 단지 어떤 일로 인하여 널리 알려지게 되면 출세한 것이 되는 것이다. 이런 의미에서 우리에게 널리 알려진 대중적 인물들은 대부분 출세한 사람들이라고 할 수 있다.
　그러나 성공이란 출세와는 다른 개념이다. "成功", 즉 이바지하다, 또는 공을 이루다 라는 뜻이다. 이바지한다 라는 말에서 느낄 수 있듯이, 성공은 이바지하는 대상이 있어야 한다. 따라서 성공이란, 사회에 대한 객관적인 기여도라는 업적의 가치를 제 1요소로 하고 또한 성취한 자의 주관적 만족도를 제 2요소로 하는 개념인 것이다.

여기에서 출세와의 차이가 생긴다. 단순히 객관적인 유명세만을 요소로 하는 출세와는 달리 성공은 주관적인 만족도와 사회에 대한 객관적 기여도라는 두 가지가 충족되어야 한다.

따라서 어떤 사람이 유명하다고, 즉 출세했다거나 많은 사회적 공헌을 했다고 해서 곧 성공한 것은 아니다. 유명하기는 하지만, 사회적으로 별 가치없는 일을 한 사람을 성공한 사람이라 볼 수 없고, 사회적 공헌을 많이 했지만 스스로 그 행위에 만족하지 못하는 사람 또한 스스로 불행하므로 성공한 사람이라 할 수 없다.

진정한 성공은 그 사람의 유명세 여부와 관계없이 그리고 그 사람의 사회적 지위에 관계없이, 사회적으로 가치있는 일을 수행해서 자기 스스로 만족을 느끼는 사람이라고 생각한다.

좀더 구체적으로 말하면 도덕적으로 건전한 직업을 통해 부를 축적하여 자수성가를 한다거나, 자신의 능력과 노력을 동원하여 불우이웃 돕기나 복지재단 등을 설립하고 스스로 보람된 인생을 살아가는 그런 사람들이 성공한 사람들이라고 생각한다.

나와 같은 예비 공무원의 성공이라 함은 열심히 공부하고 경험을 쌓아 훌륭한 정책을 입안하고 실행에 옮겨, 국민의 삶의 질을 향상시키는데 기여하고 거기에서 내 스스로 만족감을 찾는 것이라고 생각 한다.

두려움을 뒤집으니 용기가 얼굴을 내민다

　불확실성의 시대에 살고 있는 우리는 여러 가지 선택의 기로에 설 때마다 결과에 대한 두려움에 사로잡히게 된다. 그러한 두려움 때문에 결단을 내리지 못하고, 현실에 쫓기며 살아가게 된다.
　이러한 현상을 에리히 프롬은 그의 저서에서 '자유로부터의 도피'로 표현하고 있다. 어떤 선택을 하거나, 선택은 오로지 본인 스스로 자유롭게 할 수 있다. 그러나 그러한 선택의 결과는 불확실하다. 지식과 정보가 불충분한 상태에서 선택의 결과에 따르는 위험 때문에 두려움에 휩싸여 선택의 자유를 포기하고 우월한 사람이나 조직의 지시와 통제에 순종하게 되는, 의식의 수동화 현상을 그는 자유로부터의 도피라고 한 것이다.

이러한 자유로부터의 도피현상은 사회 발전과 개인의 발전을 위해 결코 바람직한 것이 못된다. 실패할 위험이 있다고 해서 자기 발전과 사회 발전에 필요한 가치있는 일을 포기할 수는 없다. 두려움이 있을 때 비로소 용기가 필요한 것이다.

진정한 용기란 두려움이 없는 것이 아니라, 두려움을 극복하고 도전하는 정신이다. 사람들이 나에게 떨어지면 어떻게 하려고 했느냐고 또는 실패에 대한 두려움은 없었느냐고 묻곤 한다. 나 역시 목표를 달성하지 못하고 낙방하여 인생이 비참해질 위험이 있다는 것을 충분히 알고 있었고, 또한 그것이 두렵기도 했다. 그러나 두려움 때문에 현실에 안주했다면 오늘의 나는 없었을 것이 분명하다.

두렵지만, 과감히 도전하여 혼신의 힘을 다해보는 것이 진정한 용기가 아닐까 한다. 비행기에서 낙하산을 타고 내려오는 공수 훈련을 처음 받는다고 생각해 보자.

비행기에서 뛰어내리기 직전 두려움을 느끼지 않는다면 그 사람은 용기있는 사람이 아닌 바보, 천치일 것이다. 거기에는 분명 낙하산이 불량품이어서 펴지지 않을 확률이 적게나마 있고 낙하과정에서 본인의 실수로 다치거나 죽을 수도 있다는 두려움도 있다. 게다가 고소공포증이 생길 수도 있다.

하지만 그런 상황에서 우리에게 필요한 것은 '에라, 모르겠다'라는 무모함이나 '뛰어 내리지 못하면 남들이 비웃겠지' 하는 피해의식도 아닌 '그래, 한번 해 보는거야' 하는 과감한 결단에서 나오는 용기인 것이다.

가난은 유전되는가

　가난은 하나의 형벌과도 같은 것이다. 가난한 자는 마음이 부유하다느니 하는 식의 미사여구가 있기도 하지만, 그것들은 근본적으로 가난한 자의 아픈 마음을 모르고 하는 소리다.
　가난이 때로는 인생을 개척하는 힘의 원동력이 된다고도 한다. 그러나 그것은 가난의 힘이 아닌 자각의 힘인 것이다. 가난은 분명히 참기 힘든 괴로움이다. 젊은 날의 가난은 죄 없이 받는 형벌이요, 중년 이후의 가난은 본인의 무지와 불성실이라는 죄에 대한 대가로 받는 형벌이다. 때로는 정말로 아무런 죄없이 받는 벌이기도 하지만, 대부분 중년이후의 가난은 본인의 무능력이라고 할 수 있다.
　영국의 역사학자이자 정치학자인 E.H. Carr는 "과거는 현재의 어버이요, 미래는 현재의 자식이다."라고 말한 바 있다. 오늘 나의 가난은 과거의 무지와 불성실성의 산물이요, 내일 나의 가난은 나의 무지와 불성실의 산물일 것이다.

가난은 대물림 되는 것인가 하는 문제에 있어서, 안타깝게도 보편적인 경우에는 대물림되는 것 같다. 그러한 대물림의 사슬을 끊어 버리려는 본인의 특별한 노력이 없는 한, 가난한 집 아들은 계층 상승의 기회를 잡기 어렵다.

한국사회는 해방과 전쟁이라는 격동기를 지나면서 1950년대 중반부터 1980년대 초반까지 유동성이 큰 새로운 계층의 형성기를 거쳤다고 본다. 80년대 중반 이후부터는 그렇게 형성된 계층 질서가 안정화 되어 가는 시대에 접어든 것 같다. 계층 형성기에는 유동성이 매우 커서, 실력이나 근면성 하나로 상위계층에 오를 수 있는 기회가 많았으나 안정기에 접어든 오늘날에는 계층 상승의 기회가 그만큼 줄어들었다.

이는 바꾸어서 말하면, 가난은 대물림될 가능성이 그만큼 커졌다는 걸 의미한다. 경제개발 시대의 부동산 투자에 의한 부의 축적은 이제 옛말이 되었고, 사회 및 기업조직의 팽창기에 신설된 간부·임원 자리로의 초고속 승진도 이제는 옛말이 되었다.

계층상승의 길이 있다면 첫째는 참신한 아이디어로 벤처기업을 차려 성공하는 길이 있으나, 이것마저도 그림의 떡인 사람들이 많다. 사실 컴퓨터 소프트웨어 분야에서 빌 게이츠와 같은 성공하는 기업인이 되기 위해서는 본인의 참신한 아이디어와 열정, 그리고 사회적으로 그러한 사람이 클 수 있는 문화풍토가 형성되어 있어야 한다. 그러나 우리나라에는 불행히도 그러한 문화풍토가 아직 조성되어 있지 않다.

둘째는 우리나라의 대표적인 계층 상승의 통로인 고시 합격의 길이라고 할 수 있으나 이 또한 옛날과는 달라졌다. 사시의 경우, 진입장벽 해소를 위한 대량 선발로 인해 희소성의 원칙이 무너지면서 과거와 같은 신분 상승의 기회는 되지 못할 것 같다. 행시, 외시 역시 합격 후 과거와 같은 초고속 승진이 사실상 어렵고, 급료 또한 변변치 못하다. 그나마, 이런 고시도 최소한의 경제력이 뒷받침되지 않고는 사실상 힘들다.

결국 갈수록 계층간의 유동성은 작아지고, 빈익빈 부익부 현상은 심화될 가능성이 크다고 볼 수 있다.

가난한 자에게 오직 길이 있다면 어제, 오늘, 내일의 인과관계를 자각하고 기득권층에 해당하는 사람들보다 두 배, 세 배 그 이상 노력하는 길밖에 없는 것이다. 그러한 노력이 없다면, 어제의 태만이 오늘 나에게 가혹한 형벌을 가하듯이 오늘의 노력 부족이 나의 내일과, 내 자손들에게 참기 힘든 가혹한 형벌이 될 것이다.

가난보다 더 무서운 것이 있다

    옛부터 가난은 나랏님도 구제하지 못한다는 말이 있다. 과연 한 개인의 가난은 국가도 어찌할수 없는 문제인 것일까?
    가난의 원인에 따라 다를 것이라고 생각한다. 가난이 개인의 나태함과 무능에서 기인한다면 그것은 나라도 어찌할 수 없을 것이다. 그러나 가난이 한 개인의 무지, 무능, 나태함 때문이 아닌 사회 구조적인 문제일 때는 정부의 정책에 따라 개인의 가난은 구제 될 수도 있을 것이다.
    일반적으로 가난이라함은 전자를 말하는 것이므로 가난은 나랏님도 구제하지 못한다는 말은 타당하다고 생각한다. 다시 말해서 가난은 개인의 의지와 노력이 수반되지 않고는 극복할 수 없는 문제일 것이다.
    가난이 얼마나 가혹한 것이며 인생을 얼마나 황폐하게 만들 수 있는 것인가는 필자도 어린 시절의 아픈 추억들을 통해 조금이나마 경험할 수 있었다. 우리 세대, 아니 그보다 10여 년 윗세대만 하여도 가난은 일반적인 것이었으며 무던히도 가난했던 과거를 가진 사람들이 많을 것이다.

지금 이 시대, 흔히 풍요의 시대라고 하는 오늘날에도 소수이지만 절대 빈곤에 허덕이는 사람들이 있고, 또 상당히 많은 사람들이 상대적 빈곤감을 느끼며 살아가고 있을 것이다. 그러한 가난에 짓눌려 사람들은 가난을 원수처럼 여기곤 한다. 그렇지만 나는 그런 일반적 통념을 부정하고 싶다. 가난은 내 노력에 의해 충분히 극복될 수 있으며, 가난보다 더 무서운 것이 패배주의와 도전정신의 부재 그리고 의지박약증이라고 말하고 싶다.

나는 대학을 졸업하지 못했다. 그 이유를 물으면 나는 항상 "가난했기에" 라고 간단하게 말해 버린다. 그렇게 대답하는 것이 간단 명료하기에 그렇게 대답한다. 그러나 실제로 나는 그것이 변명같지 않은 변명이라는 것을 안다. 철들고 난 뒤 지난날을 후회하며 생각해보니 그것은 가난이 아니라, 잘 살아 보겠다는 의지가 없었고 변화를 갈망하는 도전정신이 없었기 때문이었다.

지금 까지 살아온 인생중 가장 후회스러운 것은 고등학교 시절 대학과 나는 거리가 멀다고 단정해, 스스로 포기하고 대학 입시 준비를 전혀 하지 않았다는 것이다. 형편이 어려워 공업고등학교를 갔다고 하더라도 혼자서 독학으로라도 영어, 수학 등을 공부해서 대학에 갔어야 했다.

물론 경제적으로 뒷받침이 없으니 진학을 했더라도 엄청나게 힘든 대학 생활을 했을 것이다. 하지만 좀 더 성숙한 인간이 되기 위해서는 아무리 힘들더라도 그때 그 꿈을 버려서는 안되는 일이었다.

우리 주변에는 부잣집에서도 자식들을 대학 하나 못 보내는 경우도 흔히 보았으며, 정말 자기 소유의 땅 한 평 없는 소작농의 집에서도 자녀를 둘, 셋씩이나 대학 교육을 시키는 예를 실제로 본 적이 있다.

무슨 일을 하고자 함에 있어서 경제적, 즉 빈부는 둘째 문제이다. 반드시 그것을 하고자 하는 의지, 즉 정신 자세가 훨씬 중요한 요소라는 것을 그러한 예를 통해서 깨달았다.

가난은 열심히 노력하면 극복할 수 있다고 나는 확신한다. 가난을 극복하고, 어떤 것을 이루어 보려는 의지가 없으면 아무것도 되는 일이 없을 것이다. 나 스스로도 그런 사람이었지만, 불행한 현재를 가난의 탓으로 돌리는 사람들에게 반드시 하고 싶은 말, 그것은 "가난보다 더 무서운 것은 스스로 패배주의에 빠져 모든 것을 포기해 버리는 의지 박약이다"라는 것이다.

오늘 가난 때문에 자신의 꿈을 포기하는 젊은이가 있다면, 절대로 꿈을 버리지 말라고 말해 주고 싶다. 비록 오늘은 그 꿈을 실현시킬 수 없을지 몰라도 반드시 실현시키겠다는 의지만 있다면, 머지 않은 미래에 그 길이 열릴 수 있으니 가능한 범위 내에서 그것을 미리 준비하는 자세를 갖는 것이 바람직할 것이다.

스트레스여 가라!

복잡한 현대 사회를 살아가다 보면, 여러 가지 스트레스가 쌓이기 마련이다. 스트레스를 정확히 우리말로 표현하려면 어떤 낱말이 적합할까? 짜증, 고민, 불교 용어인 번뇌 따위가 떠오르지만 어느 한가지도 꼭 들어 맞는 것 같은 느낌이 들지 않는다. 그러한 스트레스를 어떻게 해소 시키는 것이 좋은 것일까? 한마디로 대답하기에는 너무도 어려운 질문인 것 같다. 사람마다 받는 스트레스의 원인이 다르기 때문이다. 스트레스의 원인은 무엇일까?

첫째 지나친 욕망이 아닐까 한다. 석가모니께서 일찍이 인생고(苦)의 원인을 애욕(愛慾), 생존욕, 소유욕 등이라 하고 이를 번뇌라 하신 것처럼 과도한 욕망이 욕구불만을 낳게 되고 그것이 스트레스로 작용하게 되는 것이다.

둘째로 복잡하고 원만치 못한 인간 관계에서 발생하는 것이라고 생각한다. 원만치 못한 부자 관계, 상사 관계, 남녀 관계, 교우 관계 등에서 상대방의 기대치와 본인의 실제 행동과의 차이에서 발생하는 여러 가지 압력과 불편한 관계에서 스트레스는 온다.

셋째로 과도한 관심이 스트레스를 발생시킨다. 사람의 능력은 한계가 있음에도 불구하고 주위에서 발생하는 모든 일에 과도한 관심을 가지게 되면 스트레스를 받게 된다. 대표적인 예로써 정치에 지나치게 관심이 많거나 가족, 또는 친구의 일에 지나친 관심을 가지게 되면 거기서 많은 스트레스가 발생하게 된다. 즉 자신이 해 줄수 있는 능력을 벗어난 일에 지나친 집착을 하지 말라는 뜻이다.

넷째는, 무지와 무능에서 오는 스트레스이다. 어떤 일이 발생했을 때 그것을 해결하고 싶으나 지식이 부족하고, 능력이 부족하여 해결하지 못하고, 그렇다고 그대로 방치해둘수도 없을 때 스트레스를 받기 마련이다.

그 밖에도 스트레스가 생기는 데는 다양한 원인들이 있을 것이다. 이러한 스트레스를 해결하는 방법 또한 다양하다. 사람에 따라서 술에 취해보는 사람, 음식을 배불리 먹는 사람, 고함을 지르는 사람, 노래를 부르는 사람, 운동을 하는 사람 등 저마다 다른 스트레스 해소법을 가지고 산다. 나 또한 스트레스가 쌓일 때는 술을 마셔 보기도 하고, 고함을 쳐 보기도 하고, 운동을 해 보기도 했다.

그러나 술을 마셔 봐야 그때 뿐, 깨어 나면 동일한 고뇌가 다시 나를 괴롭힌다. 스트레스를 야기하는 문제의 본질은 변함이 없기 때문이다. 노래를 부르거나 고함을 쳐 봐도 마찬가지다. 짜증날 때 마음 속에 맺힌 것을 노래나 고함으로 뱉어 내면, 일시적으로 마음이 후련해지는 카타르시스를 느낄 수는 있어도 역시 문제의 본질은 변함이 없다.

스트레스의 원인을 본질적으로 없애는 방법은 없을까? 아마도 그것은 지나친 욕망을 버리고, 인간관계를 원만하고 깨끗이 하며, 사소한 일에 신경을 쓰지 않고, 지식과 능력을 배양하는 길이리라. 그렇다고 해도 스트레스가 완전히 없어지진 않을 것이다. 왜? 인간은 완벽할 수 없기에 모든 욕망을 버릴 수 없고, 완벽한 인간관계를 구축할 수 없고, 완벽하게 무관심 할 수 없으며, 지식과 능력 배양에는 한계가 있기 때문이다.

그렇다면 그 나머지 스트레스는 어떻게 해소 해야 할까? 내가 권하고 싶은 스트레스 해소 방법은 우선 운동, 등산, 노래 등으로 풀고 그렇게 해서 해소되지 않는 것은 종교의 힘에 의지하라고 권하고 싶다.

종교 생활이 체질에 맞지 않는 사람에겐 명상과 사색을 권하고 싶다. 특별한 종교가 없는 나는 등산을 하면서 끝없는 사색을 즐기고 스트레스의 근본적 원인을 자근자근 따져 본다. 그것의 원인에 따라 포기할 것은 포기하고, 관심을 끊을 것은 끊고, 청산할 인간 관계는 과감히 청산해 버렸다. 이러한 습관 때문에 나는 다른 사람에 비해 스트레스를 덜 받고 생활할 수 있었다.

꺾이면서 인생을 배운다

누구나 살다 보면 좌절의 아픔을 경험하게 될 것이다. 너무도 운이 좋아 또는 탁월한 능력으로 자기가 하고 싶은 모든 일을 실패 없이 이룩한 사람이 과연 얼마나 있을까?

중년이상 된 사람중에서 그런 사람을 본적이 없지만, 아직 어린 대학생들 중에는 그런 사람을 가끔 본다. 그런 사람을 볼 때면 부러움과 함께 어딘지 덜 성숙했다는 느낌을 갖게 된다.

어느 20대 초반의 고시 최연소 합격자의 수기에 "이제야 나이 값을 한 것 같다."라는 표현이 다수 고시생의 분노를 산 것에서 알 수 있듯이 한 번의 좌절도 경험하지 못한, 문자 그대로 정통 엘리트 코스를 거쳐 단 한번에 낙방도 없이 합격한 그가 만 21세의 나이로 이제야 나이 값을 한 것 같다면 그보다 나이 많은 모든 고시 수험생들은 과연 무엇인가?

그가 한번도 좌절의 아픔을 맛보지 못했기에 세상을 너무 쉽게 보고 그런 말을 한 것이 아닌가 생각한다. 나의 경우 처음 목표했던 4년째 외무고시에서 낙방했을 때 그때의 좌절감은 이루 말할 수 없었다. 그러나 한편으로는 다행이라는 생각을해 본다.

그때 좌절을 맛보지 않았더라면 아마도 나는 자아 도취에 빠져 목에 잔뜩 힘이나 주며, 나보다 조금 못한 사람들을 깔보고 무시하는 오만불손한 인간이 되었을지도 모른다.

아직도 부족함이 많은 나지만, 그래도 그 좌절의 아픔을 곱씹으면서 조금은 성숙한 인간으로 거듭난 것이다.

그 좌절뒤의 시련은 나에게 너무 가혹했다. 공사장에서 막일을 할 때는 인생의 마지막까지 밀려온 것 같은 느낌이었고, 야간 경비일을 할 때는 건축회사 경리아가씨마저 나같은 것은 거의 인간취급도 안하는 무관심의 대상으로 전락해버린 느낌이었다. 바로 그때 깨달은 것이 있다.

공사장 막노동 일을 하는 사람들도 똑같은 사람이며, 그럴 만한 연유가 있어서 그런 일을 하는 것이라고, 결코 그런 사람들이 열등한 인간이거나 잘못된 사고방식을 가진 사람이 아니란 걸 그들과 건네는 막걸리잔 속에서 깨달았다.

또한 월급 60만 원을 받기 위해 1년 365일 출근하는 공사장의 경비아저씨들도 그들이 못나서 그런 일을 하는 것이 아니란 걸 알았다. 그 전까지는 나는 그런 사람들을 아무런 대책없이 인생을 살아가는 사람들로 단정했었다.

　시험에서의 실패와 쓰라린 좌절의 아픔속에서 두 달정도 경험한 막노동 현장과 와신상담하며 경험한 1년 6개월의 야간경비 생활에서 느낀 것은 바로 예전의 나보다 더 낮은 위치에 있는 사람들도 결코 나보다 못나서 그런 일을 하는 것은 아니란 것이다.

　언젠가 친구와 그런 이야기를 주고 받은 적이 있다. 그 사람도 숱한 역경 끝에 고시에 합격한 사람이었다. 그가 말하기를 자기가 좌절 속에서 겪은 고통은 내 고통에 비하면 아무것도 아니라는 것이었다. 그리고 나를 만나기 전에는 자기가 이 세상에 가장 고통스런 사람이라고 생각했다고 했다.

　나는 그때 "고통의 크기를 비교하지 말라"고 말했다. 고통의 크기는 주관적인 것이며, 누구나 세상을 살다보면 마치 이 세상의 모든 짐을 혼자서 지고 있는 듯 고통스러울 때가 있다. 그리고 그 순간 나의 고통은 바위처럼 크고 타인의 고통은 좁쌀만한 크기로 여겨지기 마련이다.

　"떡은 남의 떡이 더 크게 보이고, 고통은 나의 고통이 더 크게 보이는 것"이다. 내가 남보다 더 고생하고 나의 좌절이 훨씬 더 큰 것 같이 느껴지기 마련이지만, 생각을 바꿔 보면 대부분의 사람이 나만큼의 고통은 겪고 있는 것이 보인다. 힘들고 더 이상 견딜 수 없다고 느낄 때마다 좌절의 고통을 이긴 사람을 쳐다 보라. 그들을 통해 현실을 딛고 일어설 수 있는 용기를 배울게 될 것이다.

　사람위에 사람없고, 사람 밑에 사람없으며, 이 세상을 살아가는데 있어 오직 나만이 고통을 맛보는 것은 아니라는 걸 깨달았다. 이는 밑바닥을 전전하며 고시 수험생활을 하는 동안 얻은 가장 소중한 교훈이었던 것 같다.

좌절은 누구나 맛보는 것이며, 중요한 것은 실패가 아니라 어떻게 다시 일어서느냐는 것이다. 실패는 부끄러운 것이 아니다. 진정 부끄러운 것은 한 번의 실패를 빌미로 다시 일어설 용기마저 잃어버리는 것이다.

이런 여자가 좋다

여성잡지의 인터뷰에서 빼놓지 않고 묻는 말, '여성관과 원하는 여성상대에 대해'. 발표 전까지 나는 한번도 선을 본 적이 없으며, 수험 기간동안 여자 문제는 전혀 생각해 본 적이 없었다. 자연히 그런 문제에 대한 생각이 정리되어 있지 않았고, 어떻게 대답해야 할 지 난감했다. 그래서 인터뷰마다 다른 대답으로 얼버무리곤 했다.

솔직히 예쁜 여자를 싫어할 남자가 어디 있겠는가. 똑똑하고 지혜로운 여자나 학벌 좋은 여자를 싫어할 사람이 어디 있겠는가. 또한 재산까지 많으면 그것을 싫어할 사람도 없을 것이다. 미모도, 교양도, 재산도 모두 가치있는 것이니 많이 갖추면 갖출수록 좋은 것은 당연하며, 내 이상적인 여성은 이 모든 것을 갖춘 여자이다.

그러나, 그런 여성은 거의 존재하지 않으며, 존재한다고 해도 나처럼 보잘 것 없는 남자의 차지는 되지 않을 것이란 걸 알고 있다. 따라서 현실적 선택의 요건은 위와 같은 세 가지 조건 중에서 두가지 조건을 꼭 따져 보기로 마음 먹었다. 미모는 중간이면 되고, 교양은 높아야 하고, 재산은 관계없다. 단지 재산이 없으면 처지가 같은 나와 전세방부터 시작할 각오만 되어 있다면 된다.

이러한 현실적인 조건을 정해 놓았지만 나 또한 지극히 평범한, 오감을 가진 인간이기에 미모가 출중한 여자를 보면 따라가 말을 걸고 프로포즈를 하고 싶은 충동을 느낀다. 내가 가장 중요시 하는 교양이란, 많은 상식수준의 지식과 지혜를 총칭하는 말이다. 반드시 명문대학을 나와야 하는 것은 아니지만, 그에 준하는 교양을 갖추고 있어야 한다는 의미이다.

옛말에 "여우와는 같이 살 수 있어도, 곰과는 같이 살 수 없다."는 말이 있듯이 대화가 통하지 않는 사람과 답답하게 같이 살아가느니 차라리 혼자 살고 싶은 것이 솔직한 심정이다. 한 가지 빠뜨린 것이 있다. 그것은 다름아닌 착한 마음씨이다. 그것을 빼놓은 것은 착한 마음씨는 외견상 파악할 수 없는 것이기에 외적인 요건에는 포함시키지 않았으나, 사실은 가장 중요한 것일 게다.

마음씨 착하고, 교양도 있으면서 미모 역시 적당한 여자가 있다면, 그녀의 품에서 살며시 잠드는 그런 꿈을 꾸어본다. 허황된 꿈일까? 그 꿈은 언제 쯤이나 이루어 질까?

처절한 전투가 끝나고 평상으로 돌아오니 이제 다시 외로움을 느끼게 된다. 어디선가 나를 필요로 하는 여자, 내 어깨에 기대고 싶은 여자, 사랑을 느낄 수 있는 그런 여자가 그리워진다. 그런 여자와 행복한 가정을 이루고 싶다.

내가 아는 진정한 사랑

　어떤 것이 진정한 사랑일까? 어떤 이를 만나면 순수한 사랑은 존재하지 않는다고 말한다. 그럴때마다 나는 순수한 사랑이 존재해야만 한다는 당위성을 가지고 마치 존재하는 것처럼 말하곤 한다.

　진정한 사랑이란 순수한 사랑, 있는 그대로의 사랑이라고 이해하고 싶다. 이와 관련하여 유명한 권투선수였던 무하마드 알리의 글을 잠시 인용해 보고자 한다.

　"참피언이 되면 나는 낡은 청바지와 낡은 모자를 쓰고 수염을 덥수룩하게 기른 채로 아무도 날 알아보지 못하는 시골 동네에 갈 것이다. 거기서 내 이름조차 알지 못하는, 날 있는 그대로 사랑하는 작고 귀여운 여우같은 여자 한 명을 찾아낼 것이다. 그리고 그녀를 백만 달러가 넘는 대지위에 세워진 25만 달러짜리 내 집으로 데려 와서 내 캐딜락과 수영장을 보여줄 것이다. 비 올 경우를 대비해서 만든 실내 수영장까지도. 그런 다음 그녀에게 말하리라. '이건 모두 네거야. 왜냐하면 넌 나를 있는 그대로 사랑하니까.'"

   부와 명예, 사회적 지위 등을 떠난, 있는 그대로 사람과 사람끼리의 사랑이 있다면 그것이 진정한 사랑일 것이다. 지금까지의 내 인생에서 가장 아쉬운 게 있다면, 바로 그런 사랑을 이루지 못한 것이다.
   사람들은 순수한 사랑, 진정한 사랑에 관하여 말할때면 흔히들 변해 버린 세태를 탓하곤 한다. 그리고 자신의 순수성, 진실성은 망각한 채 상대방의 순수성, 진실성만을 요구하곤 한다.
   하지만 진정한 사랑을 위해서는 자신이 먼저 순수해지고 진실해지는 것이 중요하지 않을까? 내가 먼저 순수하게 진실하게 대한다면, 상대방 또한 같은 마음으로 대하지 않을까?

4부

독자에게 드리는 글

청소년 들에게
- 꿈은 책임감을 먹고 큰다

실업계 고등학생들에게
- 풍부한 교양은 평생 재산

취업준비생들에게
- 고개 숙이면 앞을 볼 수가 없다

신세대 부모님께
- 지나친 기대와 실망이 주는 몇 가지 착각들

자격증 시험
- 이 시대의 필요충분 조건

어떤 직업을 선택할 것인가

열린교육은 이런게 아닐까
- 이종사촌 누님의 사례

윗물은 반드시 맑아야 한다

- 청소년들에게 -
꿈은 책임감을 먹고 큰다

흔히 X세대라고 불리우는 신세대는 어떠한 세대를 말하는가. 그것은 단지 나이가 젊다는 것을 의미하는 것은 아닐 것이다. 단지 젊다는 의미로만 받아들인다면 신세대=어린애의 등식이 성립해 버리기 때문이다. 진정한 신세대는 기성세대와는 구별되는 꿈과 가치관, 행동양식을 가진 세대라고 본다.

내가 보는 신세대의 장점은 무엇보다도 자유분방하다는 점이다. 기존의 불합리한 사회적 관습과 고정관념에서 탈피해서 자기나름대로의 개성을 강조하고 자기 나름대로의 행동방식대로 살며, 과거에 얽매이지 않는 자유로운 사고체계를 갖추고 있다는 점이다.

또 획일적인 가치관에서 탈피하여, 다원화 시대에 맞는 가치관을 가지고 있다는 점이다.

과거 대통령, 장관, 국회의원, 판·검사가 되는 것만이 성공한 인생이라는 기성 세대의 사고와는 달리, 어떤 분야에서건 자신의 능력을 최대한 발휘하여 살아가고 그 소중함을 안다는 것이 기성세대에 비해 아주 훌륭한 점이라고 생각한다.

그밖에 여러 가지 장점이 있지만, 단점 역시 있다. 이것은 신세대만의 단점이 아니라, 우리 국민 모두의 단점인 것으로 생각되지만 현재 그런 문제를 발생시키는 것이 신세대이므로 몇가지 언급하고자 한다.

첫째로 책임의식의 문제이다. 이른 아침 야간 경비일을 마치고 집으로 돌아오는 길에 신림 4거리에서 버스를 갈아탈 때마다 느꼈지만, '거리를 이 모양으로 만들어 놓는 사람들이 우리 사회의 내일을 책임질 신세대라니 우리의 미래도 또한 오늘과 다를 바 없겠구나' 하고 탄식하게 된다. 신세대의 유흥가인 신림 4거리 주변을 새벽 먼동이 틀 무렵인 6시쯤 한번 돌아보면 나의 탄식이 당연하다는 것을 느낄 것이다.

모든 거리와 골목은 나뒹구는 쓰레기, 쌓인 구토물들로 악취가 진동한다. 정말 신세대가 지나간 자욱 뒤엔 풀 한포기 나기 힘들 것 같은 느낌이 든다. 이렇듯 밤늦게까지 자유를 즐기는 것은 좋지만, 자유에는 책임이 수반되는 법. 제발 책임의식을 가지고 행동해 주었으면 한다.

둘째로 나약한 의지의 문제이다.

우리 부모들은 숱한 어려움을 극복하고 오늘에 이르렀기에, 웬만한 어려움에 직면하여도 쉽게 포기하지 않는 의지를 가지고 있다. 그러나 신세대는 풍요의 시대에 태어나 고생이란 것은 모르고 자란 때문인지 조금만 어려운 일에 직면해도 쉽게 포기하고 자포자기 상태에 빠져 버린다. 무엇이든지 스스로 알아서 하고 어떤 어려움에 있어도, 반드시 뜻한 바를 이루고야 말겠다는 굳은 의지가 부족한 것 같다.

이러한 단점들도 있지만, 그래도 우리의 신세대가 기성세대보다는 훨씬 발전의 가능성이 있다고 생각한다. 우선 과거에 비해 여러 가지 여건이 훨씬 좋아졌고, 게다가 우리의 신세대는 기성세대보다 훌륭한 가치관을 가지고 있기 때문이다.

인생을 조금 더 살아온 선배로서 신세대에게 자신의 가치관과 적성에 맞는 꿈을 키우고, 자신만의 인생을 개척해 가라고 말해주고 싶다. 꿈을 소중하게 여겨야만, 즉 자신의 꿈에 큰 가치를 부여하여야만 어려움을 극복할 수 있는 힘이 생긴다. 꿈이 소중하다면 포기하기 싫을 것이다.

꿈은 다른 어떤 것과도 바꿀 수 없기에 어려움속에서도 성취의 바퀴를 돌릴 수 있는 것이다.

— 실업계 고등학생들에게 —
풍부한 교양은 평생 재산

　어떤 사연에서건 공업고등학교에 입학한 이상 현실에 충실한 삶을 살기를 바란다. 현실에 충실하라는 것이 현실의 틀 속에 얽매이라는 말은 아니다. 일단 주어진 현실인 이상 그곳으로부터의 도피보다는 그러한 현실속에서 꿈을 만들고 꿈을 키워가라는 이야기다.
　흔히 "졸업해서 취직이나 하면 그만이지, 공부는 무슨 공부?"라고 생각하기 쉽다. 그렇지만, 졸업하고 대학에 가지 않을 사람들이 더욱 열심히 공부해야 한다.
　대학에 진학하는 사람은 계속 공부할 기회가 주어지지만, 취업하는 사람들은 현재의 고등학교 과정이 인생에 있어서 마지막 배움의 기회가 되어 버릴지도 모르기 때문이다. 분명한 것은 고등학교까지의 교과 내용이 세상을 살아가는데 반드시 필요한 상식이자, 지혜의 기초라는 사실이다.

공고생이라고 남들이 무시한다고 한탄만 할 일이 아니다. 거의 모든 사람들은 공고생들을 머리가 나쁜 학생들이라는 선입견을 갖고 있다. 분명 잘못된 인식이지만 잘 바뀌질 않는다. 공고 출신 스스로 더 많이 공부하여 상식을 늘리고, 교양을 쌓아야만 그런 푸대접을 면할 수 있다. 잘못된 사회 풍조를 아무리 한탄해 봐야 자신에게 아무런 도움이 되질 않고 오히려 불평 불만만 쌓여 괴로워진다.

공부 뿐만이 아니다. 가끔은 클래식 음악을 즐기기도 하고, 미술평론 서적 등을 보기도 하라. 영어, 수학을 잘한다고 멋진 사람이 되는 것은 아니다. 또한 인간의 매력은 외모에만 있는 것도 아니다.

건전한 직업을 가지고 이 사회의 곡괭이와 삽이 되어 일하면서, 마음속에는 풍부한 교양과 아름다운 마음씨를 가진 사람을 여자들은 좋아한다. 그것을 인정하고 스스로 그런 존재가 되기 위해 노력했으면 한다.

- 취업 준비생들에게 -
고개 숙이면 앞을 볼 수가 없다

    오늘날 이와 같은 경제위기에 기존의 직장을 가진 사람들조차 실직자가 되지 않을까 전전긍긍하고 있는 마당에 취업을 준비하고 있는 취업 준비생들은 왜 내가 이런 시기에 태어났을까? 하며 원망 아닌 원망을 하고싶을 정도로 불안하고 초조할 것이다.

    그렇지만 하늘이 무너져도 솟아날 구멍은 있기 마련이며, 오히려 다행으로 여겨야 할 점도 있다. 이런 위기 상황은 정부와 경제 주체들이 슬기롭게 대처한다면 98년 하반기부터는 어느정도 정리가 되어 갈 것이며, 그때부터 기회는 온다.

    오히려 조금 먼저 직장을 잡았다가 오늘의 위기 상황에서 실직자가 된 사람들 보다는 그래도 조금 나으니, 다행이라고 생각할 요소도 있지 않은가?

상황이 어려워 전체적인 규모는 줄어들지만 신입사원을 충원하는 기업들은 여전히 있고 공무원 시험이나, 각종 자격증 시험들도 예정대로 실시된다. 비록 예전보다 조금 힘들지만 길은 있다. 절대로 희망을 버리지 마라.
　이러한 취업 준비생들의 불안한 심리는 내가 고시를 준비하던 때의 그것과 유사할 것이다. 불확실한 미래에 대한 끊임없는 불안감, 잡힐 듯 잡히지 않는 목표. 그렇지만, 포기해 버릴 수 없는 인생, 시간은 가고 한 번 두 번 기회는 물거품이 되어 가고, 이러다가 정말 내 인생이 이렇게 끝나버리는 것은 아닌가? 이번 기회를 놓치면 영영 끝인데, 아! 어찌하오리까. 이것이 내가 겪은 불안과 초조감이었다.
　지금 취업을 준비하는 대다수 학생, 취업 재수생들은 나처럼 절박하지는 않을 것이다. 물론 게중에는 나보다도 더 절박하고 열악한 상태에 있는 사람도 있겠지만 말이다.
　이런 불안감을 겪고 있거나 생길 것을 대비해서, 먼저 목표를 분명히 하라고 권하고 싶다. 목표를 분명히 한 다음, 확신을 가지고 콜롬부스가 인도를 찾아 아메리카 대륙을 향해 서쪽으로 서쪽으로 배를 몰아가듯이 오로지 목표물을 생각하며 앞만 보고 달려라.
　가능한 목표를 설정하고 반드시 해 낼 수 있다는 확신을 가지고 하루 하루 열심히 준비해 나간다면 그 열매는 반드시 얻을 수 있을 것이다. 나처럼 하잘것 없는 인간도 해내는데, 나보다 훨씬 좋은 조건에 있는 사람들이 못할 것은 없지 않은가?

오로지 희망 하나로 인생을 살고 정복왕이 되어 대제국을 건설한 알렉산더처럼 소중한 희망을 의지삼아 어려움을 극복하고 피어나는 한 송이의 꽃이 되어주길 간절히 바란다.

- 신세대 부모님께 -
지나친 기대와 실망이 주는 몇 가지 오류들

흔히 젊은 부모들은 자기 자녀들의 평범한 사회화 과정을 지켜보며, 많은 오류에 빠지는 것 같다. TV 드라마의 등장 인물을 흉내 내고 쇼 프로그램에 출현하는 가수의 노래를 따라서 하게 한다. 또 아직 우리말도 서툰 아이에게 성급하고 맹목적으로 단순한 영어 단어를 몇 개 외우게 한다. 이것은 아마 부모 스스로의 열등감에서 나온 부끄러운 행태이다.

더욱 가관인 것은 그것을 보고 흥에 겨워, 만족감에 취해 자기 아이가 "천재" 또는 "예술 분야에 끼"가 있다는 등 치켜 세우면서 자랑스러워 하는 경우를 많이 보아왔다.

그런 단순한 사고를 가진 극성스런 부모들 덕에 우리의 청소년은 하나 둘씩 비행(非行)의 길로 들어서고 있는 것은 아닐까?

아이들은 성장과정에서 주변의 어른들의 행동이나 언행을 흉내내면서 성장한다. 그리고 어느 시점이 되면 자기 것으로 만들면서 커간다. 현대 사회의 특성상 주변 인물과의 직접적 대화보다는 TV 등 대중매체에 먼저 노출되는 아이들은 그 속에서 많은 새로운 것을 발견하고 그것을 모방하고 이해하며 성장하는데, 사고 체계가 어른들처럼 복잡하지 않기 때문에 그것들을 좀더 쉽게 흉내 낼수 있을 뿐이다. 그런 것을 두고 착각을 한다면 정말 위험한 일이 아닐까?

그러한 착각에서 연유하건, 아니면 자녀에 대한 부모의 단순한 욕심에서 연유하건 우리나라 대부분의 부모들은 자녀들에 대한 지나친 기대를 하고 있다. 내 자식은 반드시 1등을 해야 되며, 내 자식은 반드시 명문대에 들어가야 되며, 또 내 아들 내 딸은 반드시 해낼수 있다고 믿고 있는 것이다.

그러한 과다한 기대에서 출발해 어려서부터 영재 교육이니 지능 개발이니 하며 온갖 문제지와 학원으로 자녀들을 내몰고 혹시 잠시라도 놀고 있지 않나 하는 매서운 감시의 눈초리로 아이들을 바라본다.

뿐만 아니라 많은 부모들이 자식 귀한 심정에 지나치게 과보호로 일관해 무엇하나 스스로 해결할수 있는 능력이 없는 마마보이로 만들어 버리기 일쑤다. 요즘 아이들은 매일 아침 억지로 깨우지 않으면 학교에 지각하고, 자기 스스로 책가방 하나도 챙기지 못해 엄마가 챙겨주고, 이부자리 하나 갤 줄을 모른다. 준비물 하나 미리 미리 챙겨두지 않고 학교 갈때야 비로소 서두르는 아이들, 그런 아이들이 너무 많다.

그것은 전적으로 부모들의 탓이다. 아직 아이들은 그런 것들을 스스로 깨닫기에는 어린 나이다. 그렇지만 부모들이 아이들에게 올바른 습관을 형성시켜 주지 않으면 세 살버릇 여든 간다는 말처럼 평생을 고치기 힘든 악습이 되어버릴 것이다.

그렇게 버릇이 든 아이들이 어떻게 건전한 시민이 되겠는가. 이런 습관을 방치한다면 무책임하고 무절제하게 되어 모든게 자기 중심적인, 고삐 풀린 망아지와 같은 그런 어른을 대량 생산해 버리는 것은 아닐까?

지금까지 이야기 한 것과는 정반대의 경우도 있다. 이것은 내가 살아온 경험을 그대로 쓴 것이다. 일반적인 과대기대와는 달리 과소기대의 경우이다. 기본적으로 개인의 생활 철학, 자녀 교육관의 문제이겠지만, 과소기대는 우리 아버지처럼 생활고에 찌든 사람의 경우에 흔히 있을 수 있는 일이라고 본다.

우리 아버지의 자녀 교육관은 운명론, 예정론, 잡초론, 방관론 등으로 표현될 수 있다. 사람의 운명은 하늘에 의해서 결정된 사주 팔자대로 살아가는 것이며 될 사람은 교육 여하에 상관없이 운명적으로 되고, 되지 못할 사람은 아무리 노력해 봐야 허사라는 생각을 가지고 계신다.

또 출세나 성공을 위해서는 명당을 골라 조상을 잘 모셔야 조상의 음덕으로 자손이 잘 된다는 생각으로 자녀의 학교 교육보다는 명당찾는데 훨씬 관심이 많으신 분이셨다.

그러니 정상적인 교육보다는 그냥 제멋대로 크도록 방치

하는 방관론자에 가까우셨던 것이다. 거기에다 아버지는 온실 속의 화초보다는 들판의 잡초가 훨씬 생명력이 강하다며 우리들을 세상에 내어 놓고 스스로 많은 어려움에 직면하여 헤쳐나가기를 바라셨다.

거기에 덧붙여, 우리 형제들은 가난한 농부의 자식으로 태어났으니 사주 팔자는 뻔하다는 말씀을 자주 하셨다. 더욱이 참을 수 없는 것은 송충이는 솔잎을 먹어야 산다면서 농사꾼의 자식인 우리는 일해야 먹고 살 수 있지, 공부같은 것은 해봐야 소용없다는 패배주의였다.

그러니 아버지의 나에 대한 기대는 어려서는 농부, 성장해서는 기능공이 전부였으며 조기 교육은 어림도 없는 것이었다. 어려서부터 논두렁, 밭두렁을 헤매이는 것이 우리 형제들의 공통된 운명이었다.

이러한 과소기대는 자칫 자신을 패배의식에 휩쓸리게 만든다. 수동적이며 소극적인 성격을 형성시키기 쉽고, 자신의 정체성을 상실시킬 우려가 있으며, 자기 비하 등 정서적으로 아주 좋지 않은 영향을 끼칠수 있다.

이상의 두가지 서로 극단적으로 대비되는 예의 공통점은 부모의 기대와 자녀 자신의 능력 사이에 극복하기 힘든 차이점이 존재한다는 것이다. 과대기대 하에서 아이들은 기대에 부응할 수 없는 자신에 대하여 자괴감에 빠지기도 할 것이며, 기대를 속박으로 받아들이고 탈출하려는 시도를 하기도 할 것이다.

반대로 과소기대하의 자녀는 욕구불만이나 상대적 박탈감

을 심하게 느끼고 부모의 권위에 도전하거나 그러한 현실로부터의 도피를 꿈꿀 것이다.

- 자격증 시험 -

이 시대의 필요충분 조건

    자격증에는 여러 가지가 있다. 흔히 결혼 상대감 1순위로 뽑히고 있는 "사"자 돌림 자격증에는 의사, 변호사, 회계사, 세무사, 변리사, 건축사, 기술사 등이 있다. 이러한 자격증은 고도의 전문 지식을 갖추어야만 시험에 합격할 수 있으며 희소성의 원칙에 의해, 자격증을 취득만하면 장래가 보장되는 것으로 여겨져 왔다.

    반면에 기능사, 기사 등 기술분야의 자격증은 숙련된 기능이나 전문지식을 요구하는 것이기는 하나, 희소성의 원칙에 적용되지 않기 때문에 사회적인 선망의 대상은 되지 않는다.

    변호사 자격을 주는 사법시험은 대표적으로 희소성의 원칙이 적용되는 것이다. 사법시험은 해방이후 1980년까지 약 30년동안 1천 명도 채 안되는 합격자를 배출했고 가장 적게 배출시킨 해는 심지어 단 4명을 배출시킨 해도 있었다.
 그리하여 "하늘에 별따기"라는 말이 나오게 되었고 희소성의 원칙에 따라 사회적으로 최고의 선망의 대상이 되었으며, 합격만하면 검·판사, 장·차관, 국회의원이 되는 것은 별로 어려운 것이 아닐 정도였다.
 그러던 것이 81년부터 연간 300명을 선발하기 시작하여 95년까지 15년간 300명씩 배출시켜 지금까지 약 4500명을 합격시켰다. 95년 기준 대한민국 유사이래 사법시험을 합격한 총 인원은 약 5천 5백 명 정도인 것으로 알고 있으며, 이중 현직 검·판사 및 사망자, 고령자를 제외하고 97년 11월 23일 현재 변호사로 개업을 한 사람은 총 3371명에 이른다(동아일보사 발행 NEWS + 12/11일자 통계인용).
 그러던 것이 법률서비스 개선을 위한 진입장벽 철폐 정책의 일환으로 96년 500명, 97년 600명을 선발했고 98년엔 700명을 선발할 예정이며 점차 그 수를 늘려 2천 명까지 선발한다는 보도가 있었다.
 이런 추세로 가면, 희소성의 원칙은 통하지 않게 되고 변호사 시장도 치열한 경쟁에 직면하게 되며 엄청난 부와 명예가 따른다는 것, 하늘에 별따기 라는 말은 옛말이 될 것이다. 지금 사법시험에 도전하고자 하는 사람은 이런 현실을 잘 알았으면 한다. 괜한 환상을 가지고 시작한다면, 합격한다고 해도 쓸데없는 보상 심리에 여러 사람 괴롭힐지도 모르는 일이고, 자기 스스로 괴로운 인생을 살아갈 위험이 있기 때문이다.

사법 시험뿐만 아니다. 회계사, 세무사, 변리사 시험도 개방화에 대비, 경쟁적 시장경제 체제로의 이행을 위해서 과감히 진입장벽을 철폐하고 있는 중이며 과거에 비해 합격자 수를 대폭 늘리는 실정이다.

이러한 '사'자 돌림 분야가 자기의 적성에 맞고, 하나의 직업으로써 의미를 주는 순수한 꿈이라면 도전을 권해 보고 싶다. 그러나 과거의 영화에 매달려 엄청난 부와 명예라는 반대급부를 노리고 도전하거나, 단지 취직이 어렵다는 이유로 오기를 발동해 도전한다면 도시락 싸가지고 다니면서 말리고 싶다.

엄청난 부와 명예는 과거의 이야기며, 이들 "사"자 돌림 시험들이 그렇게 호락호락 합격할 수 있는 시험이 아니기 때문이다.

기술분야의 자격증은 자신의 능력을 객관적으로 인정받는 의미밖에 없다. 그것을 가지고 있다고 취업이 보장되는 것도 아니고 취업을 해서도 그에 대해서 무슨 특별한 대우가 있는 것도 아니다.

필자도 고등학교 시절, 선반 기능사와 기계제도 기능사라는 2개의 자격증을 취득했으나, 그것으로 무슨 특별한 대접을 받아본 적은 없다. 그러나 취업에 있어서 유리한 조건으로 작용하는 것은 틀림없다.

아무런 자격증도 없으면 그 사람에 대해서 알 수 없기 때문에 그 사람의 능력을 낮게 평가 할 수밖에 없고, 자격증이 있으면 정당하게 평가 받는다. 취업원서 기재시 관련 자격증 란에 한 줄이라도 기재할 게 있는 것과 없는 것은 천지 차이다.

　가능한한 많은 자격증을 취득해 두는 것이 취업에 도움이 된다. 대표적으로 문과생이건 이과생이건 정보처리기사 2급 정도의 자격증은 취득해 두는 것이 어떠한 경우든 유리하다.

　자신이 컴퓨터를 아무리 잘 안다고 백 번을 이야기 하는 것보다 자격증 하나를 내보이는 것이 훨씬 효과적이기 때문이다. 정보화 사회에 정보처리기사 2급이나 기능사 2급 정도는 선택이 아닌 필수인 것이다.

　거기에다 자기의 전문분야에 관한 자격증 하나 정도 더 따두면 학벌이나, 배경의 차이에서 오는 불리함을 극복하는 데 많은 도움이 될 것이다.

　이러한 자격증 시험은 시행하는 관청이 제각각 다르기 때문에 구체적인 응시 정보는 시행 관청에 문의해야 한다. 자격증에 관한 일반적 정보를 손쉽게 알아볼 수 있는 길은 문과계통의 자격증은 공무원시험 대비 학원 및 고시학원 등에 가면 구할 수 있고, 이과 계통의 자격증은 각종 기술학원에 가면 구할 수 있다. 또는 학교 주변의 전문 서점에서도 구할 수 있다.

　이들 학원의 시험 자체에 관한 정보는 신뢰할만 하다고 본다. 주의할 것은 이들 자격증에 관하여 학원 측이 과장광고를 하는 측면이 있다는 것이다. 마치 어떤 자격증만 취득하면 인생이 보장될 것처럼 이야기한다.

　그러나 자격증 시대라는 말 때문에 자격증 환상에 빠지면 안 된다. 가급적이면 그 자격증을 취득한 사람들의 현재 진로가 어떤지 반드시 확인해 보고 도전하는 것이 현명한 자세일 것이다.

어떤 직업을 선택할 것인가

졸업을 앞둔 학생들은 직업 선택의 고민에 휩싸이게 된다. 가치관이 다원화된 사회에서 가장 좋은 직업이란 있을 수 없다. 단지 자신의 적성과 소질에 맞는 직업이 최고의 직업이라 할 수 있을 것이다. 아래에서 필자는 직업선택의 주·객관적 기준에 따른 적절한 직업을 아는 한도내에서 설명하고자 한다.

객관적 기준으로 보면 보수는 다다익선, 즉 많을 수록 좋다는데 이의를 제기할 사람은 없을 것이다. 보수면에서 가장 좋은 직업은 일부 전문직 의사, 변호사, 회계사 등이라고 할 수 있다.

그 다음은 일부 대기업과 금융권, 또는 SK 텔레콤이나 장기신용은행을 비롯한 설립 연도가 길지 않은 은행, 투자신탁 등이며 이들의 연봉은 대략 2천5백 만 원을 상회한다.

그 다음이 대다수의 대기업으로 연봉 1천7백만 원 정도이다. 중소기업은 획일적이지 않지만 대기업 수준부터 그 이하까지 다양하다. 정보통신 관련 우량 중소기업은 오히려 대기업보다 연봉이 많은 경우가 허다하고, 일반 제조업 분야는 대기업보다 약간 적은 경우가 대부분이다.

보수못지않게 중요한 기준으로 떠오르는 것이 발전성이다. 회사가 번창해야 자신도 같이 발전할 수 있기 때문이다. 오늘날의 국제관계를 볼때 지금 가장 각광받는 분야는 정보통신 관련 분야이며 이런 추세는 상당히 오래 지속될것 같다.

또한 환경의 국제적 규제가 심화되어 가면서 환경 관련산업들이 유망한 직업으로 대두되고 있고, 앞으로 5년 내지 10년 정도가 지나면 환경 산업이 가장 유망한 업종이 될 가능성이 크다.

회사의 발전 못지 않게 중요한 것이 조직내의 개인의 발전 가능성이다. 기업의 규모에 따른 발전 가능성을 본다면 대기업보다는 중소기업이 훨씬 낫다는 것은 자명한 일이다. 대기업의 경우 지나친 분업화로 개인이 거대한 조직속의 한 부품이 되어 자신의 일 외에는 전혀 문외한이 된다.

그러나 중소기업은 다양한 업무를 다룰 수 있는 기회가 자주 오므로 자신의 잠재 능력을 계발할 수 있다. 기업의 규모가 일정 수준까지는 커질수록 효율적이라는 경제원칙을 고려하면, 현재의 작은 기업이 장래 사업확장의 기회가 많고 그에 따라 조직과 인력이 팽창하기 용이하며 그만큼 승진도 쉬워지는 장점이 있다.

요즘과 같은 시대에는 보수보다 어쩌면 더 중요한 조건이 안정성이다. 안정성이라는 면에서는 단연 공무원이나 대기업이 최고일 것같으나, 반드시 그렇지만도 않다. 공무원은 어느 정도 직업 공무원제의 안정성에 의해 보장되지만, 대기업의 경우는 부도사태나 정리해고제 도입 등으로 그다지 안정성이 높지 않다.

게다가 대기업에서는 지나친 분업화로 말미암아 일단 실직을 하면 같은 자리를 찾는다는 것은 거의 불가능하다. (이것은 내가 직접 체험했던 바이다) 이런 점을 종합하면 중소기업이 대기업보다 오히려 안정적이라고 볼 수 있다. 부도의 위험은 높지만 재취업 기회가 비교적 많기 때문이다.

인지도는 보편적으로 중요한 요소는 아니라고 본다. 하지만 한국이라는 특수한 환경에서는 무시 못할 조건이다. 이는 명예욕에 관련된 기준으로써 같은, 때로는 더 나은 조건임에도 중소기업이 아닌 굳이 대기업을 선호하는 대다수의 사람들에게 적용되는 기준이라 하겠다. 내 생각에는 아무런 쓸모없는 요소이다. 원서를 낼때 인지도보다는 차라리 그 기업의 대차대조표를 확인해 보라고 권하고 싶다.

성취욕이 강한 사람은 자유업이나 영업사원 같은 직업을 선택하는 것이 바람직하다. 그 반대인 사람은 단순 사무직이나 기술직이 좋다.

만족지향성으로 따지면 내적 만족지향형(직무만족형)은

교수, 연구원, 교사, 기술직, 생산직 등의 직업을 선택하고 외적 만족형(명예 또는 금전 만족형)인 사람은 공무원, 판·검사, 변호사, 학원강사, 영업사원, 자유업 등을 선택해야 후회하지 않을 것이다.

결론적으로 직업선택에 있어서는 보수·안정성·발전성 등과 같은 객관적인 기준과 주관적 기준을 고려, 적성과 소질에 맞는 직업을 택해야 한다. 남의 이목이나 외양의 화려함에 눈 멀어 섣불리 자신의 직업을 정하지 말자.

만약 현재 자신의 직업에 불만이 있거나 뭔가 잘못되었다고 느끼는 사람이 있다면 과감한 변신을 요구하고 싶다. 후회만 한다고 일이 해결되는 것은 결코 아니다. 직업은 금전적인 안정 못지 않게, 자신의 능력과 자아 실현의 마당이 되는 곳이기도 하다.

직업 선택은 심사숙고와 지혜, 과감한 결단력이 요구되는 중요한 인생의 갈림길이다.

열린 교육은 이렇게 아닐까

— 이종사촌 누님의 사례 —

　내가 경험하고 보아온 바에 의하면, 청소년 탈선의 주된 원인이 부모의 과대한 기대에서 오는 여러 가지 심리적 압박감과 부모의 과소기대에서 오는 무관심이라고 생각한다.
　과대기대나 과소기대 모두 자녀들을 정신적으로 괴롭혀 방황의 길, 또는 타락의 길로 빠지게 만든다. 소크라테스가 "타락으로 이르는 문은 넓고도 크다"고 일찍이 경고한 것처럼 심리적 방황을 겪게 되면 타락으로 가는 길은 넓어지기만 할 것이다.
　결국 부모의 기대와 자녀의 능력이나 지향하는 바가 차이가 날 때는 어떻게든 그 차이를 줄여 나가야 한다. 부모는 자녀의 진정한 적성이나 능력을 파악하여 그것에 걸맞는 기대를 자녀에게 심어주고, 자녀는 자신의 적성이나 능력의 한계를 부모에게 솔직히 토로함으로써 부모로 하여금 과대, 또는 과소기대를 가지지 않도록 하여야 할 것이다.

그렇지만 그것은 쉽지 않은 문제이다. 무엇보다도 부모들은 쉽사리 자신의 생각을 바꾸려들지 않고, 또한 부자간에 그런 대화가 자연스럽게 이루어 지기가 힘들기 때문이다.

우리 사회의 고질적인 병폐중의 하나가 바로 대화의 부재에 있다고 본다. 따라서 기대와 능력의 조화를 위해서는 부모들이 먼저 개방적 사고, 즉 열린 마음을 가지고 자녀들의 고충을 들어줄 수 있는 마음의 자세가 먼저 되어 있어야 한다.

내 주위에 늘 내가 꿈꾸어 오던 이상적인 교육관을 가지고, 부모와 자녀가 대화하면서 모범적으로 자녀를 키우는 집이 있다. 독자 여러분에게 도움이 될 것 같아 소개해 보기로 한다. 주인공은 다름아닌 내 이종 누님 부부와 그 아들 인의 이야기다.

그때가 94년초 였던 것으로 기억한다. 당시 외무고시 1차 시험을 치고 결과를 기다리는 중간에 안산 형님댁에 갔었다. 마침 누님으로부터 전화가 왔다. 10여 년만에 처음으로 전화상으로 만나게 되어 반갑게 인사를 주고 받았고, 누님은 마침 집이 가까운 거리에 있으니 놀러오라고 했다.

별 할 일도 없던 차에 잘됐다 싶어 그 다음날 버스를 타고 찾아갔다. 갈 때 생각은 그동안 얼마나 변했을까, 나를 보면 알아 보기나 할까 하는 생각으로 자못 들떠 있었다. 집에 도착하니 작은 아파트였다. 10여 년이 흘렀지만 누님은 예전 모습 그대로였다.

맞벌이를 하면서도 바쁜 시간 짬을 내 사촌 동생을 초대해준 누님이 고맙기만 했다. 집을 구경하면서 조카 인의 방문을 여는 순간 깜짝 놀랐다. 창문 쪽을 제외한 벽 전체가 동화책, 위인전, 역사책, 과학 관련 서적 등으로 가득 차 있었다.

마침 집에 있던 조카에게 "너, 저 책 다 읽었냐?"하고 묻자 조카는 "예" 하고 대답했다. 깜짝 놀란 나는 그 중에 몇 권의 내용을 물어 보았더니 그 책의 내용에 대한 간략한 설명과 더불어 감상을 간단히 대답했다. 그때 그 아이는 초등학교 4학년생이었는데 교양 수준은 웬만한 고등학생을 능가하는 수준이었다.

꿈이 무엇이냐고 물었더니 매일 바뀌어 뭐라고 말할 수 없다고 대답했다. 충분히 이해할만 했다. 다양한 독서를 하다 보면 당연히 그때 그때 꿈이 바뀌기 마련일테니까. 경탄스런 마음에 누님에게 어떻게 교육시키며, 무엇이 되기를 바라느냐고 물었다.

누님의 대답은 "아직 초등학교 4학년생한테 꼭 무엇이 되기를 기대하는 것은 시기 상조이지만, 굳이 바란다면 정직하고 성실하며 책임감있는 사람이 되기를 바란다"고 했다.

또 아이에게 정신적 부담을 주지 않기 위해 너는 무엇이 되어야 한다는 식의 이야기는 하지 않으며, 목표를 스스로 깨우치고 설정할 수 있도록 독서를 권장하고 있다고 했다.

아이의 독서를 위해서 누님 부부는 9시 뉴스 외엔 TV를 일체 보지 않고, 책을 보거나 신문 등을 보며 아이에게는 어린이 프로그램 1시간 정도외엔 TV를 보지 못하게 통제하고 있었다. 또 누님은 바쁜 생활이지만 건강을 위해 아이들 간식은 집에서 직접 만들어 주며 군것질을 못하게 한다고 했다.

조카 인은 부모가 먼저 모범을 보이고, 아이들에게 관심을 쏟다 보니 또래보다 어른스럽고 이빨도 튼튼하고 맑고 건강한 눈을 가진 아이가 되었던 것이다.

학원은 전혀 다니지 않아도, 학교 성적에 크게 신경쓰지 않게 되었고 그래도 학교 성적은 줄곧 상위권을 맴도는 정말 이상적인 아이가 되어 있었다.

그 후 누님은 사업 관계로 익산으로 이사를 했고 서로 만나지 못하다, 얼마 전에 익산에 가서 이모부님, 이모님과 아울러 누님을 만났다. 어른들께 인사드려야 겠다는 것이 익산에 간 이유였지만, 그 보다도 인의 성장한 모습이 더욱 궁금했다.

조카 인은 벌써 중학교 2학년생이 되어 있었는데, 지금은 예전보다 독서량이 60~70%정도로 줄었다고 한다. 중학생이 되었으니 학교에 있는 시간도 많고, 학과 공부도 신경쓰다 보니 예전처럼 책을 많이 읽을 수는 없다고 했다.

학과 공부에 대해서 물으니, 여전히 학원같은 데는 안가도 반에서는 1등, 전교에서는 10등 이내에 든다고 했다.

그 애가 학년이 올라갈수록 독서로써 쌓은 풍부한 교양과 스스로 하는 공부의 위력은 점점 더 커질 것이라고 나는 확신한다. 94년에 만났을 때부터 한 생각이지만, 내가 정말 존경할만한 교육관을 가지고 계신 분이 사촌 누님이고, 이 다음에 나는 결혼한다면 반드시 그 노-하우를 전수받아 내 아이를 교육시키겠다고 마음먹었다.

실제로 누님에게 "나중에 내 아내도 좀 교육 시켜 주세요"라고 미리 부탁해 놓았다.

윗물은 반드시 맑아야 한다

자녀들이 올바로 성장하기 위해서는 부모가 먼저 모범을 보여야만 한다. 예를 들어, 백해무익한 TV로부터 자녀를 떼어 놓기 위해서 부모 스스로 TV를 보지 말아야 한다. 부모들 스스로 TV를 보지 않고, 그 시간에 책을 읽거나 신문을 보고 있으면 자연히 아이들은 따라서 책을 보게 된다.

저녁식사 뒤 온가족이 거실에 마주 앉아 아버지는 신문에 난 재미난 기사를 이야기 하고, 어머니는 오늘 읽은 소설의 주인공에 대해서 이야기하고, 딸은 동화속의 주인공을 이야기 하고, 아들은 유치원에서 배운 재롱을 떠는, 그런 행복한 가정을 이룰수 있다면 얼마나 좋을까? 그런 환경하에서는 자연히 부모와 자녀간의 대화의 단절 현상은 없을 것이며 서로가 서로를 이해하고, 용기를 복돋아주고, 어려울 때 서로 기꺼이 도와 주는 가족이 형성될 것이다.
 이런 이야기를 하면, 사람들은 요즘처럼 바쁜 세상에 어떻게 그럴 여유가 있느냐고 반문한다. 그렇지만 나는 그것은 여유 문제가 아니라고 생각한다. 그렇게 반문하는 사람들 대부분이 하루에 한 두시간씩은 TV 앞에서 시간을 보낸다.
 내가 말하고 싶은 것은 바로 TV를 보는 시간을 활용하라는 것이다. 사람들은 대화에 필요한 전제 조건들, 예를 들면 생각을 해야 하거나, 신경을 쓰는 것이 귀찮아 스스로 TV 앞에 자신을 묶어 두는 경향이 강하다.
 사람은 참으로 다양한 꿈을 가지고 산다. 나 또한 여러 가지 꿈이 있다. 사회적으로는 성공하는 사람이 되고 싶고 가정적으로는 앞에서 말한 그런 가정의 가장이 되는 것이 꿈이다. 사랑하는 아내와, 딸 아들이 오손 도손 모여 앉아 하루동안 있었던 일을 정겹게 나누는 그런 가정을 가지고 싶다.
 다른 사람들도 마찬가지 일 것이다. 그렇다면 행복한 가정과 건전한 자녀 교육을 위해서 우리가 해야 할 일은 자명하지 않은가?

5부

어쨌든 잘 살아야 한다

나의 주홍글씨 — 학력에 대하여
우리시대의 진정한 영웅
고시병엔 약도 없다?
나를 슬프게 하는 것들
한국인, 우리들의 일그러진 자화상
한국 경제, 수술이 필요하다
IMF시대, 어떻게 살것인가

나의 주홍글씨 - 학력에 대하여

언제나 새로운 사람을 만날 때면 항상 괴로운 것이 있다. 우리 사회는 언제 부터인가 서로간의 통성명에 있어서 자신의 출신 학교와 학번을 이야기 하는 것이 일반적인 관습이 돼버렸다. 그러나 밝혀야 할 학번과 출신 대학이 없는 나에게는 항상 첫 만남이 곤혹스런 것이었다.

이름을 밝히고 대학은 나오지 못했으며, 따라서 학번은 없고 나이는 몇살이라고 대답하면, 고시 세계에서 만나는 보통의 사람들은 의아한 눈빛으로 나를 바라본다.

게중에는 뭔가 특별한 사연이 있는, 숱한 역경을 겪어온 사람이라는 것을 알아 차리고 격려와 위로를 아끼지 않는 사람도 있고 또 어떤 사람은 변변치 못한 대학을 나온 것이 수치스러워 나 스스로 학력을 속이는 것으로 오해하는 경우도 가끔 있다. 극히 일부의 사람들은 대학도 졸업 못한 사람이 무슨 고시냐고 빈정거리는 사람도 있었다.

"명문대학을 나와도 힘든데, 공부와는 거리가 먼 공고를 졸업한 사람이 고시를 한다니 각오 한번 대단하다"라고 하면서 말이다. 자연히 사람을 접촉하는 기회가 줄어들 수밖에 없었다. 6년간의 고시 기간을 통하여 내가 이름을 알고 지내는 사람은 아마도 열 명이 채 되지 않을 것이다. 대학을 나오지 못한 것이 부끄러운 일은 아닌데, 내 스스로 지나치게 움츠려 들었던 것 같다.

그렇지만 나를 움츠리게 한데는 우리 사회의 획일적 시각이 작용한 면도 있다. 사실 내가 고시를 선택한 것도 이러한 컴플렉스에서 멋지게 벗어나 보자는 심리가 크게 작용했다.

고시를 합격하면 사람들이 나를 고졸이라고 해서 적어도 무시는 하지 않을 것이라는 생각에서 고시의 길을 택했고, 여러 번의 낙방을 경험하면서도 끝까지 포기하지 않고 매달릴수 있었다.

한 인간을 평가함에 있어서 학벌, 배경, 가문 등 본인의 능력과는 무관한 것에 의해서 평가되어서는 안 된다고 생각한다. 한 사람의 인간을 평가함에 있어서 그 사람이 어떠한 가치관을 가지고 어떠한 방식으로 살아가고 있는가, 또한 그 사람이 그 가치를 실현할 수 있는 능력이 있는가 없는가에 따라 평가되어야 한다고 생각한다.

그러나 현실적으로 사회적 인식은 안타깝게도 그렇지가 않다. 학벌이 사회적 기준이 되어 버려 어떤 대학을 나온 사람은 유능한 사람, 어떤 대학을 나온 사람은 별 볼일 없는 사람, 대학을 못 나온 사람은 열등 인간, 그나마 공고를 졸업한 사람은 공부와는 담을 쌓은 인간이라는 식으로 사람을 평가하는 것이 현실이다.

  그러한 사회적 인식이 성립된 데에는 여러 가지 이유가 있을 것이다.

  첫째로 정보의 비대칭성 문제이다. 정보의 비대칭성이란, 평가받고자 하는 사람은 자기 자신에 대하여 모든 것을 알고 있지만 평가하는 사람은 평가 받을 사람에 대해서 아는 것이 없다는 것을 말한다.

  두 번째로는 의존 효과의 문제이다. 정보의 비대칭성으로 인하여 평가 대상에 대하여 아는 것이 없는 평가자는 평가를 받는 사람이 제공하는 정보, 즉 PR정보에 의해서 평가하게 된다.

  그런데 평가 받는 사람은 자기에게 불리한, 즉 단점이 될 수 있는 정보는 제공하지 않고 유리한 정보만 제공해 그것에만 의존해서 평가하게 된다. 여기서 말하는 대부분의 PR정보는 구체적인 내용이 아닌 단순한 졸업장 등인 경우가 대부분이다.

  세 번째는 과도한 일반화의 문제이다. 특정 대학, 예를 들어 서울대학을 나온 사람들은 모두 똑똑하다는 인식이다. 서울대학에 들어가는 것은 진리 탐구의 기회를 제공 받는 것일 뿐이다.

  그곳에서 열심히 공부하지 않으면, 별 볼일 없음에도 불구하고, 다수의 서울대 출신이 유명한 사람이 되었다는 이유만으로 모든 서울대 출신을 우러러 보는 사회적 풍조, 즉 과도한 일반화의 문제인 것이다. 사실 내 경험에 의하면 서울대를 나온 김 모씨처럼 보잘것 없는 인간도 있다는 것을 알았으면 한다.

네 번째는 대학의 서열화 문제이다. 우리나라 대학은 졸업 시의 학문적 성취에 의해서 평가되는 것이 아니라 입학 성적에 의해서 명문대, 중위권대, 삼류대로 서열화되어 있다. 그 결과 그 사람의 현재의 실력과 잠재력을 평가하기 보다는 입학시의 서열에 의해서 사람의 능력을 획일적으로 평가해 버리는 우를 범하게 된다.

그 밖의 여러 가지 이유들과 어우러져 사람의 능력을 무지의 상태에서 외면적인 PR정보에 근거해서, 그것을 과도하게 일반화시켜 평가해버리는 것이 우리 사회의 일반적 관습이라고 볼 수 있다.

이러한 잘못된 사회적인 평가 관습을 타파하고 올바른 평가가 이루어 지기 위해서는 사회의 전반적인 제도 개혁과 더불어 의식 개혁이 수반되어야한다.

제도 개혁과 더불어 의식 개혁이 이루어진다면 좋겠지만, 그것은 오랜 세월과 끊임없는 노력이 수반되어야 한다. 어쩌면 우리 생전에 볼 수 없을 지도 모른다. 그러면 우리는 어떻게 해야 되는가? 학벌의 불리함을 극복하고, 올바른 능력을 평가 받을 수 있는 길은 없는 것일까?

없지는 않다. 자신의 상품가치를 높일 수 있는 증표를 마련하면 되는 것이다. 현대사회에서는 안타까운 현실이지만 인간이 마치 시장의 상품처럼 취급된다. 그러므로 자신을 상품으로 비유하고 소비자(고용주)가 선택할수 있도록 자신의 상품가치를 높여야 하는데, 그 소비자는 상품에 관하여 속속들이 알지 못하므로 상표와 광고에 의존해서 상품을 선택하게 된다. 학벌이라는 상표가 없으면, 자격증이라는 상표를 붙여라.

사회에는 갖가지 전공 분야별 자격증이 있으며 대부분의 자격증은 학벌에 관계없이 취득할 수 있다. 또 한가지 길은 피고용자가 되려고 하지 말고, 스스로 고용주가 되라는 것이다. 어려운 일이긴 하지만 자영업은 거의 학벌에 관계없이 성공할 수 있는 일들이다.

앞에서 제시한 두 가지 길은 형편이 어쩔수 없을 때 선택할 수 있는 길이다. 형편이 허락한다면 대학을 가는편이 훨씬 나은 길이다. 그렇다면 앞의 두 가지 길을 가는데 훨씬 효율적일 수 있다.

아무런 목적없이 대학을 간다면 문제 될 수 있지만, 분명한 목적의식을 가지고 간다면 훨씬 더 많은 지식과 더 넓은 대인 관계의 폭을 쌓아 훌륭한 일을 할 수 있으리라.

그러므로 단순히 학벌, 즉 졸업장을 따기 위해서 대학을 갈 것이 아니라 사회 생활과 직업 수행에 필요한 좀 더 많은 지식과 경험의 축적, 대인 관계의 형성이라는데 목적을 두고 대학에 진학하길 바란다.

우리 시대의 진정한 영웅

 왜 우리에게 가장 필요한 물과 공기는 가격이 싸거나 아예 가격이 없고 별로 필요치 않은, 아니 없어도 살아가는데 전혀 지장이 없는 다이아몬드는 그토록 비싼 가격에 팔리고 있는가?
 이 문제를 아담 스미스는 '가치의 역설'이라고 했다. 그 이유는 가치에 의해서 가격이 결정되어야 한다고 생각했기 때문이다. 그러나, 이 문제는 신 고전파 경제학에서는 더 이상 역설이 아니라는 것이 증명되었다.
 가격이란 한계 효용에 의해서 결정되는 수요곡선과 부존량에 의해서 결정되어지는 공급곡선에 의해서 결정되는 바, 물은 수요가 많기는 하지만 그 부존량이 풍부해서 공급량이 많기 때문에 가격이 싸고, 다이아몬드는 수요는 적지만 그

부존량이 매우 적기 때문에 가격이 비싸게 매겨진다.

그러나 가격이 비싸다고 가치있는 것은 아니다. 따라서 가격이 아무리 싸다 할지라도 여전히 물이 가치있는 것이다.

물과 다이아몬드의 경우처럼 우리 사회엔 진정 가치있는 것이 소중히 여겨지지 않고, 오히려 별다른 가치없는 것이 중요하게 여겨지는 현상이 허다하다. 상업주의 매스컴이 만들어 놓은 부작용이긴 하지만 우리 시대에 진정 영웅으로 대접받아야 할 사람들은 소외되고, 꼭 필요하지 않은 사람들이 영웅처럼 대접받고 있다.

왜 박찬호, 선동렬 등 운동선수와 연예인만 영웅시되고, 열심히 일하는 사람들은 소외되고 있는가. 왜 우리 국민을 그들에게만 관심을 집중하고 감탄의 눈초리로 바라보며 진정 대접받아야 할 사람들에겐 관심조차 기울이지 않는가.

연예나 스포츠도 그 나름대로의 가치있는 일이지만, 우리에게 더욱 가치있고 본질적인 것은 우리의 삶을 직접적으로 좌우하는 산업일 것이며, 그중에서도 제조업일 것이다. 그렇다면 우리에게 진정한 영웅은 제조업 분야에서 열심히 일하는 사람이다.

가격이 비싸고 몸값이 비싸다고, 그것이 더 가치있는 것은 아니다. 다이아몬드의 가격은 물보다 훨씬 비싸지만 없어서는 안될 소중한 것은 물이다. 우리가 물의 소중한 가치를 모르고 물을 보호하지 않으면 우리의 생명이 위태롭듯이 경제의 기본인 제조업에 신경쓰지 않으면 우리의 삶이 위태로워

진다.

그렇다면 누가 우리 시대의 진정한 영웅인지는 자명하지 않은가? 우리 시대의 진정한 영웅은 운동선수도, 연예인도, 정치인도 아닌 일 잘하는 사람이다. 그중에서도 제조업 분야에서 일 잘하는 사람이다.

우리 국민이 박찬호의 활약 여부에 울고 웃고, 월드컵 축구의 승패에 흥분과 울분을 쏟아 붓고, 서민생활과 전혀 관계없는 화려한 쇼와 드라마에 심취해 있는 사이에 우리 경제는 어떤 지경에 이르렀는가? 진정 관심을 쏟아야 할 분야인 제조업은 소외되고 온갖 사치, 향락에 물들어 진정한 영웅들을 외면한 채 허상의 영웅을 만든 결과 우리는 어떻게 되었는가?

또한 왜 우리는 남미에의 길을 가고 있는가. 외채 랭킹이 멕시코, 브라질, 아르헨티나와 우열 다투는 상황속에서 온 국민이 월드컵 귀신에 사로잡혀 헤어나지 못하고 있다. 스포츠를 하지 말자는 게 아니다. 그것은 그것 나름대로의 가치가 있다. 그렇지만 좀더 본질적인 문제에 관심을 가지자는 것이다.

나는 박찬호보다도, 선동렬보다도 그 어느 연예인보다도 묵묵히 일하는 어느 공장의 숙련공을 훨씬 훌륭한 영웅이라고 생각한다.

또한 이런 어려운 여건하에서도 투철한 사명감으로 제조업을 경영하는 훌륭한 경영자 그리고 연구원, 관리자 등 우리의 삶의 질을 높이는데 직접 기여하는 사람들이 우리시대의 진정한 영웅이라고 생각하며 우리 모두 이들에게 감사와 존경의 뜨거운 박수를 보내야 하고 각자 그들처럼 되기위해 노력해야 한다.

고시병엔 약도 없다?

　방송국의 토크 쇼 프로그램에서도, 신문사 기자, 잡지사의 기자도 빼놓지 않고 묻는 말은 "고시병에 대하여 어떻게 생각하는가?" 하는 질문이다. 난 당혹스러워 대충 얼버무리거나, 아니면 무엇이 고시병인지 상대방에게 반문하곤 한다.
　지금도 고시병의 실체에 관해서 잘 모르겠다. 일반 사회에서 어떤 의미로 고시병을 이야기 하는지 명확히 감을 잡을 수 없다.
　내 생각엔 지나치게 고시만을 집착하여 아까운 청춘을 허비하는 풍토를 일컫는 것 같다. 그런 의미로 본다면 나 또한 고시병 환자였다. 그렇지만 고시에 대해서 제대로 알게 되면 그렇게 쉽게 고시병이라고 말하지는 못할 것이다.
　어떻든 현실적으로 법대생 뿐만 아니라 사회과학대생, 인문대생 심지어 의대생, 공대생까지 사법시험에 매달리는 현실과 40, 50세가 될 때까지 10년이고 20년이고 아무 대책없이 사법시험에 매달리는 사람들에 대한 우려에서 그런 말이 나오는 것 같다.

그런 문제점 때문에 사법 시험을 없애야 한다는 말이 나올 정도인 것으로 알고 있다. 모두들 사법 시험이란 제도 자체에 커다란 문제가 있다고 말한다.

그렇지만, 나의 견해가 다르다. 본질적으로 권력과 돈만을 추구하는 획일적 가치관이 지배하는 우리 사회에서 권력과 돈이 가장 많은 분야에 사람들이 몰리는 것은 당연하고, 그 진입장벽을 넘기 위해 10년이고 20년이고 집착하는 것이 아닌가 한다. 일단 들어 서기만 하면 부와 명예가 동시에 보장되기 때문이다.

문제의 본질은 기득권층이 획일적 가치관과 기득권 보호를 위해 자신들의 영역을 굳게 닫아 놓고 있기 때문이지 제도 자체의 문제는 아니라고 본다. 대안으로써 내세우는 Law school의 경우도 이러한 획일적인 가치관이 다원화되지 않고, 진입장벽이 허물어지지 않는다면 결국 모든사람이 Law school 입학을 위해 매달리게 될 것이다.

또한 책임의식이 부족하고, 1차적 유대관계에 의해서 움직이는, 공사의 구별이 불분명한 한국적 풍토에서 섣불리 Law school 제도를 도입하면 입학 부조리부터 시작해 지금보다 나아질게 없어 진다.

현행 사법시험 제도가 반드시 단점만 있는 것은 아니며,

장점도 있다는 것을 인식했으면 한다. Law school도 우리 풍토에 맞느냐의 문제점은 있지만, 나름대로 장점도 많은 제도라고 본다. 따라서 양자를 병존시켜서 두 제도 상호간의 경쟁을 유도함이 어떨까 하는 것이 고시 제도를 알고 있는 한 소시민의 소박한 바램이다.

행시나 외시의 경우는 사시와는 사정이 다르다. 연령 제한 관계로 10년, 20년 고시에 매달릴 수도 없으며, 다양한 직렬 중 자신의 적성과 희망에 따라 응시하므로 획일적 가치관의 문제도 생기지 않는다고 본다.

그래서인지 행시나 외시의 폐지론은 별로 들어본 바 없다. 폐지할 수도 없기 때문이다. 외교관이나 전문 관료를 제비뽑기로 뽑을 수는 없기 때문에 명칭이야 어떻든 시험은 존재할 수밖에 없기 때문이다.

물론 현행 행시 국제통상과 외시에서 개선할 점이 많다는 것은 나도 동감한다. 라디오 인터뷰를 위해 KBS 방송국을 갔을 때, 담당 연출자가 현행 국제통상과 외시의 외국어 시험 문제점을 지적해 주셨다. 그분 말에 의하면 "아무런 쓸모없는 영어공부에 매달려 고시생들이 실질적으로 유용한 영어공부는 전혀 하지 않는 암기기계인 귀머거리, 벙어리"라는 말씀이셨다.

그 말에 나도 전적으로 동감이라고 얘기 했고, 98년부터는 조금씩 바뀔 것이라고 말씀드렸다. 어떻게 개선될지는 98년 외무고시, 행정고시가 시행되는 것을 보면 알수 있을 것이다.

어쨌든 현행 고시제도는 공정 경쟁과 기회 균등이라는 장점이 있는 제도로써 그 결점을 보완할 필요는 있다. 그러나 제발 몇 가지 단점을 이유로 오랫동안 실시해 온 제도를 하루 아침에 없애 버리는 우를 범하지 않았으면 한다.

또한 고시병이란 것도 획일적 가치관과 기득권 유지를 위한 진입장벽이라는 사회 문제이지 한 개인의 병이 아니라는 것을 이해해주었으면 한다.

굳이 개인적 측면에서 고시병의 원인을 찾자면, 최선을 다하지 않는 정신 자세에서 찾고 싶다. 최선을 다하지 않았기에 진정한 자신의 한계를 알지 못하는 것이다.

고시는 어느 정도 공부하면 누구나 커트라인에는 근접할 수 있다. 적당히 공부하고 2~3점차로 낙방하면, 그 차이가 별 것 아닌 것 같고 금방 도달할 수 있을 것 같은 생각이 든다.

시험치고 난 뒤 심신이 탈진할 상태까지 밀어 붙이지 못하고, 예전처럼 적당히 공부하여 응시하면 결과는 동일한 낙방이다. 그 상태에서 포기하고 다른 일을 시작해 봐도, 그일에서 결코 만족을 찾을 수 없을 것이다.

최선을 다해 자신의 한계에 도달해보지 않았기 때문이며, 나중에 조금만 더하면 할 수 있을 것 같은 생각에 다시 고시촌에 돌아오게 된다. 그러나 돌아오면 예전의 습관대로 적당히 공부하고 낙방의 쓰라림을 다시 맛보고, 그것이 반복되면 고시가 평생 직업이 되어 버린다.

나를 슬프게 하는 것들

발표가 난 뒤, 많은 사람들로부터 축하를 받았다. 어리둥절할 정도로 많은 축하와 격려를 받아 몸둘 바를 모를 지경이었다. 너무나도 과분한 대접에 자꾸만 들뜨려 하는 마음을 억제하는데 조금 힘들었다.

그런 축하나 격려를 보내주신 모든 분들께 진심으로 감사를 드리며, 바쁘다는 핑계로 답례도 제대로 못한 점 송구스럽게 생각한다.

그런데도 그런 분위기 속에서도 나를 슬프게 하는 것들이 있었다. 대부분 앞 길을 우려해서 충고의 뜻으로 하는 말들이었지만 그것들이 나를 슬프게 했다.

첫째로, 획일적 가치관의 문제였다.

몇몇 사람들이 이제 사법시험에 도전해 볼 생각이 없느냐고 물었다. 그 말을 들을 때마다 우리사회의 권력, 부 중심의 획일적 가치관을 접하는 것 같아 마음 한구석에 서글픈 생각이 들었다. 양대 고시를 합격하여 나중에 국회의원이라도 나오란 말인가? 아니면 그 명함으로 변호사 개업을 해서 떼 돈이라도 벌으란 이야기인가?

왜, 정치인이나 변호사만 가치있는 직업이고, 내가 그토록 매달렸던 외교관이나 통상전문가는 가치있는 일이 아닌가? 내 생각엔 우리에게 더욱 필요한 것은 유능한 통상전문가 양성이지 정치인은 아니다. 왠지 씁쓸함이 내 가슴을 파고들었다.

둘째로, 획일적인 시각과 편견과 관련한 많은 사람들의 무심한 조언들이었다.

"너는 고졸이라서 앞으로 승진 등의 문제에 있어서 힘들 것이다."

"너는 고시공부만 해서 외국어 회화나 다른 폭넓은 교양이 부족하니 앞으로 그것을 연마해야 할 것이다."

"조직에 들어가면 너 또한 변해서 속물이 될 것이다."라는 말들을 아무렇지 않게 한다.

물론 그들은 나를 염려해서 그런 이야기를 했을 것이다. 그러나 그들의 말속에 담긴 조직과 인간에 대한 획일적 시각과 편견은 나를 다시 한번 슬프게 한다.

과연 조직에 들어가면 모든 인간은 변하는가? 사소한 측면에서의 변화는 있을 수 있지만 또 현실에의 적응은 필요할 것이지만, 그 사람의 근본적 가치관과 행동 철학은 바뀔 수 없을 것이다.

학연, 지연이 관료사회에서 아니 우리나라의 모든 사회 영역에서 얼마나 중요한 영향을 미치는지 익히 알고 있다. 그러나 그것이 절대적인 것은 아니며, 본인의 노력 여하에 따라 얼마든지 극복이 가능하다고 생각한다.

아울러 그런 것을 지나치게 과장하여 이야기하는 것은 '자신의 실패를 외부의 원인으로 돌리고자 하는 실패자의 변명'으로 이해하고 믿고 싶다.

나를 골방에 쳐박혀 고시 공부만 한, 세상 물정에 대해선 눈 감는 사람으로 치부할 때, 아니면 외국어 회화같은건 공부해 보지도 않았을 것이라는 말을 들을 때는, "당신 일이나 걱정하시오." 하는 말이 나오려고 할 정도로 기분 나빴다.

나는 처음부터 골방에 쳐박혀 오로지 고시공부에 매달린 그런 사람이 아니었다고 말해두고 싶다. 10여 년의 각고끝에 얻은 사회 경험이 있고, 외국어도 회화를 먼저 공부해 웬만한 대화는 무리가 없을 정도다.

셋째로, 무지한 자의 아집이다.

우리나라 사람들은 무엇을 그렇게도 잘 아는지 모르겠다. 고시를 해보지 않은 사람이 고시생보다 고시제도를 더 잘 아는 것처럼 이야기 하는 경우가 있고, 주변사람들과 정치문제를 이야기해도 정치를 다년간 공부한 사람보다는 정치가 무엇인지 모르는 사람이 더 많은 이야기를 한다.

게다가 더욱 나를 슬프게 하는 것은 그런 사람들은 의견 충돌이 있을 때 자기 주장을 절대로 굽히지 않는 성향이 있다는 것이다.

  최근에도 전직관료도 아닌 사람들이 관료 사회의 문제점을 어떻게 그렇게 잘 아는지, 마치 자기네들이 관료 사회 전체를 꿰뚫고 있는 것처럼 나에게 관료 사회를 강의하기도 했다. 그들 때문에 겪기도 전에 관료 사회와 조직에 대한 편견을 가질까 두려운 심정마저 든다.

  넷째로, 속물근성이다.

  이는 우리사회의 획일적 가치관과 관련된 문제이기도 하다. "너, 출세했다."하고 말하는 사람들이 있었다. "출세는 무슨 출세."라고 대답하자, "야! 고위공무원이 되면 목에 힘도 주고 생기는 것(돈)도 많지 않느냐"하고 반문했다.

  또 고시합격했으니 열쇠 두, 세개쯤은 기본 아니냐, 라는 말을 하는 사람도 있다. 이런 말을 들었을 때 모든 것을 '출세' '돈' '권력'으로 해석하는 속물 근성이 만연한 우리 사회의 현실이 나를 우울하게 했다.

  우리 사회는 도대체 언제쯤이나 이런 진부하고 낡은 사고 방식들에서 해방될 수 있을까. 요즘처럼 다원화된 사회에서 좀 더 다양한 가치관을 가지고 선입견이나 편견 없이 사람을 대하고, 자신을 낮추어 남의 말을 경청하고 사람을 순수하게 볼 줄 아는 그런 지혜로운 태도가 아쉽다.

  다섯째, 무책임한 사람을 접할 때이다.

  자신의 권리나 이익은 주장하면서 그에 따른 책임이나 의무는 의식하지 않는 사람들을 접할 때 인생의 비애를 느낀다. 우리 사회는 상하 계층에 관계없이 책임 의식이 결여되어 있는 사람들이 많다.
 정치인은 권력만 탐할 뿐, 자기의 지위에 따른 맡은 바 책임을 다하려 들지 않는다. 어찌 정치인뿐이겠는가.
 한보와 같은 부실 기업의 회계 장부도 적정이라고 판정해 주는 회계사, 브로커를 고용하여 경찰들과 결탁하여 특정 지역의 형사 사건을 독점하는 몰지각한 일부 변호사, 공무원의 본분을 망각한 채 정치적 풍향계에 따라 이리저리 휩쓸리는 몰지각한 일부 공무원.
 더욱 더 가관인 것은 기업의 대차대조표 한번 보지 않고 주식에 투자했다가 손해보고선 증권회사 영업사원의 멱살을 잡아 당기고 온갖 욕을 퍼붓는 졸부들의 한심한 작태이다.

한국인, 우리들의 일그러진 자화상

화교가 유일하게 영향력을 발휘할 수 없는 나라 대한민국, 이것이 우리가 외국인에 대하여 얼마나 배타적인가를 적나라하게 보여주는 한가지 예이다.

반면에 한국의 정치는 중대한 고비때마다 외세 의존적, 수동적인 성향을 보여 왔다. 왜, 취해야할 자주적 능동적 자세는 취하지 못하고 의존적이며, 폐쇄적인 배타주의로 일관하고 있는가?

역사적으로도 우리 민족은 조선중기 이후로 국가적으로는 사대주의, 국민적으로는 폐쇄적 배타주의 노선을 견지해 왔다. 외세 의존적인 수동적인 자세가 국민에게 얼마나 많은 고통과 짐을 안겨 주었던가.

왜 우리는 자주적이고 능동적으로 우리의 문제를 해결할

수 없었는가? 왜 우리는 개항도 일본의 무력시위(운양호 사건)에 굴복하여 할 수밖에 없었고, 왜 우리는 우리의 금융자유화 및 개방을 OECD라는 기구 가입과 그들의 권장에 의해 실행해야 했는가. 스스로 알아서 할 수는 없었나? 왜 우리는 IMF의 구제금융을 받고, 그들의 압박하에 경제구조 조정과 경제 개혁을 단행할 수 밖에 없었는가?

참으로 답답하고, 안타깝기 그지 없는 어제와 오늘의 현실이다. 우리 사회가 직면한 오늘의 위기에 대해서, 저마다 여러 가지 원인을 제시하고 있지만, 대부분 정곡을 벗어난 것들이다.

나의 짧은 소견으로는 가장 근본적인 원인은 우리 정부의 수동적인 자세와 국민의 힘을 한데 모으는 정치력 부족이었다고 생각한다.

자본시장 개방과 자유화는 세계사의 흐름이었고 시대적 소명이었다. 그러면 우리 스스로 가장 합리적인 개혁안을 만들고 국민적 동의를 거쳐 개혁안을 시행했어야 했다. 그런 과정이 어렵다고 OECD에 가입해 외부의 압력에 의해 그런 시대적 소명을 달성하려 했던 우리 정부의 무능함과 외세의존적 자세는 운양호 사건, 강화도 조약, 동학 혁명, 청일전쟁, 갑오경장으로 이어지는 우리의 굴절된 근대사의 재탕이 아닌가.

지난해 OECD 가입 당시, 취직 시험을 준비하던 한 친구가 OECD 가입효과를 예상문제로 뽑으며 그에 대해서 나와 여러 가지 의견을 주고 받았다. 나는 긍정적 효과와 부정적

효과를 토의하고, 마지막으로 그것은 '가난한 농사꾼이 자갈
논 팔아서 양반 족보 한권 사는 것.'과 같다고 결론을 내린
적이 있다.

마지막 남은 자갈논을 팔아서 족보를 사서 양반(선진국)
은 되었지만 당장 저녁 꺼리도 없는 신세가 되지 않았는가?

사실 이 정도의 위기는 필자의 짧은 식견으로도 97년 초
에 예견할 수 있었고 그에 관해서 몇몇 친구들과 의견을 교
환 한 바 있었다. 필자는 이러한 위기가 97년 8, 9월 정도 발
생할 것으로 예측했었는데 약 2, 3개월의 시차는 있었지만
가장 우려한 사태가 현실화되고 말았다.

친구들 사이에 그런 예언으로 말미암아 나는 점쟁이 아닌
점쟁이가 되어 버렸다. 그런 상황속에서 정부는 무엇을 했
는가.

스스로 주도적으로 미국, 일본, 독일 등 외한 보유고가 넉
넉한 나라에서 장기 외채라도 도입할 계획은 왜 못했는가.
왜 미리 금융 및 산업구조 조정을 위한 조치를 취하지 못했
나? 막다른 골목에 와서야 IMF에 구제금융을 신청하고, 그
들의 간섭하에 금융산업 개편과, 산업구조 조정을 해서 우리
국민을 얼마나 고통스럽게 하고 있는가? 과연 그런 정부의
입에서 하루 하루 삶이 고통스런 서민들에게 고통 분담을
하자는 말이 나올 수 있는가?

생각할수록 분통터지는 일이지만, 어찌할 것인가. 그것이
오늘의 현실인 것을. 이제라도 우리 모두 실질적인 문제에
관심을 가지고 능동적인 자세로, 자주적으로 우리사회를 개

혁하고 오늘의 위기를 극복해 나가야 하지 않겠는가?

이런 위기가 오기까지 그러면 과연 정부만 책임이 있는가? 그것은 아니라고 본다. 최근 들어 우리 국민의 장점인 근면성은 온데 간데 없고, 조금 가진 자들은 과시욕에 과소비로 일관하고, 소위 서민이라고 하는 사람들조차 그들의 행태를 모방해 가고 있다.

뱁새가 황새 쫓아가다 가랑이 찢어 진다는 말이 있듯이 집도 절도 없는 평범한 서민이 남들이 사니까 산다는 식으로 승용차를 사고, 외제 브랜드의 청바지에서부터 모피코트까지 앞뒤 가리지 않고 사 입는다. 평범한 월급쟁이가 신용카드는 7, 8개씩 만들어 빚속에 찌들어 살고 있는 것이 오늘 우리 국민의 자화상이 아닌가.

우리 모두 정말로 정신 바짝 차리지 않으면, 언제 우리가 소비자 파산선고를 받을지, 언제 실업자가 되어 거리를 헤매게 될지 모를 그런 현실에 직면해 있다.

우리 모두 정부만을 원망하기 보다 스스로의 소비와 생산 활동을 합리화해야만, 내가 살고 우리나라가 살 수 있다는 것을 알아야 한다.

한국 경제, 수술이 필요하다

　위기의 원인에 대해서는 언론에 다양한 견해가 피력되고 있다. 그러한 견해들은 나름대로의 타당성을 갖고 있다. 내가 가장 관심을 가지고 공부했고 또한 가장 우려했던 것이 금융, 외환 부분이며 오늘과 같은 사태가 필연적으로 올 것 같은 불길한 예감이 들었으며, 그것이 현실화되고 말았다.
　어느 정도 예측은 했지만, 힘이 없는 한 개인인 내가 할 수 있는 일은 아무것도 없었다. 물론 정부나 민간 연구소에 계신 분들 중 상당수가 나와 같은 심정이었을 것이라는 것은 알고 있다.
　그러나, 그분들은 현실 정책을 좌우할 수 없는 위치에 있었을 것이다. 내가 생각하는 금융 외환 위기의 근본적인 원인은 고금리에 있다고 본다. 그러한 고금리 금융구조 하에서 자본 자유화, 금융시장 개방조치를 취하다 보니 필연적으로 위기가 도래한 것 같다.

국제금리보다 2배 정도, 일본의 금리보다 3배 이상 높은 연 12~13%의 고금리 상태에서 자본시장 개방조치를 취하자, 이자가 높은 한국으로 해외자금이 몰려오는 것은 지극히 당연한 것이었다.

그로인해 외환의 공급이 늘어서 환율이 정상 수준보다 지속적으로 낮은 수준에 있게 되었고, 그로 인해 우리나라의 수출 경쟁력이 하락하고 있는 상태였다. 이 와중에 과소비 등 선진국 병과 기업의 무리한 시설투자에 의해 수입이 급증하여 경상수지 적자폭이 눈덩이처럼 불어나 96년의 경우 약 250억 달러에 이르렀다.

그렇다면 고금리의 원인은 어디에 있는가?

첫째로 규모의 경제와 범위의 경제를 잘못 이해하여 적정 규모와 적정 범위를 넘는 무리한 주먹구구식의 투자 규모와 그에 따른 과다한 차입경영이 주요 원인이다.

이를 흔히 대마불사(大馬不死)의 신화라고들 한다. 대기업은 망하지 않는다는 그릇된 사고방식을 가지고, 정경유착 구조 속에서 은행 돈을 마치 자기 호주머니에서 동전 꺼내듯 꺼내 쓴 것이다.

둘째, 부동산 신화를 들 수 있다. 과거 부동산 값은 내리지 않는다는 생각에 기업은 은행 빚을 내어 무리하게 비업무용 부동산을 보유하고, 개인 또한 가능한한 실수요와 상관없이 부동산을 많이 보유하려고 은행 대출을 이용했다.

이런 것들이 원인이 되어 만성적인 자금의 초과수요 현상, 가수요 현상이 발생하여 금리는 높아지고 실제 자금이 필요한 기업은 그 자금을 이용할 수 없는 현상이 발생했다.

 당시 정부는 만성적인 고금리 문제를 해결하기 위해서는 재정 긴축, 안정적 통화공급 정책을 펴고 만성적인 자금의 초과수요 현상을 억제할 수 있는 정책을 개발해야 했다. 그러한 정책에는 기업재무구조 개선유도, 비업무용 부동산 보유금지 조치 또는 합리적 소비유도 정책을 강력히 시행했어야 했다.

 물론 그런 정책들이 나오긴 했으나, 통수권자의 강력한 정책 의지와 리더쉽의 부재로 그런 정책들이 흐지부지되어 버렸다.

 그러한 고금리 상태에서 외환 자유화, 금융시장 개방, OECD 가입 등을 추진했으니 결과는 뻔하지 않았던가. 증시를 중심으로 한 핫 머니 유입, 환율의 왜곡과 그로 인한 경상 적자가 눈덩이처럼 불어나게 되었고 한보사태, 기아사태 등 대마불사의 신화가 깨어지기 시작하자 한국경제의 전망을 비관한 외국의 핫 머니는 급속히 빠져 나갔다.

 외환 부족분을 단기 외채에 의존하던 금융기관들은 빚을 내어 빚을 갚는 악순환에 빠지고 그 능력 한계 다다르자, 급기야 97년 11월 21일 IMF 구제금융을 요청하기에 이르렀으며, 한국은 치욕적인 IMF 관리체제에 들어가기에 이르렀다.

 결론적으로 IMF 관리체계는 그러한 근본적 원인과 더불어 밀실 정책, 외교능력의 결여 게다가 국민과 기업의 무책임하고 비합리적인 소비 및 투자 행위라는 원인이 복합적으로 결합되어 나타난 것이다.

이런 위기를 벗어나기 위해서는 장·단기적으로 여러 가지 정책이 필요하고 국민의 협조가 있어야만 한다. 단기적으로 모든 외교망을 동원하에 우리 정부의 신뢰성을 회복하고 투자심리를 안정시켜야 한다.

그리고 금리안정화 정책을 통해 외환을 유입시키고, 환율을 안정시켜야 한다. 현재 IMF가 권고하고 있는 고금리 정책은 기업들의 금융부담 문제로 인한 외환 매각과 이자 차익거래를 노린 외국자본의 유입을 목표로 한 것이지만, 그것은 금융시스템이 정상적으로 작동될 때의 이야기이다.

현재와 같은 비정상적 금융구조하에서는 오히려 기업의 부도를 재촉하고, 금융시장이 안정되지 않는 한 외자 유치의 효과는 그다지 크지 않을 수도 있다. 더불어 재정을 긴축하여 물가상승의 압력을 최대한 막아야한다.

외환 및 금융시장이 정상화 된다면, 과거의 연 12~13%의 이자율도 국제금리에 비해서 상당히 높은 수준이므로 외자는 유치될 수 있다. 문제의 본질은 외국 투자자의 한국에 대한 불신에서 기인하는 불안심리, 그에 따른 환율의 추가적 상승 우려 등에 있다. 그것을 해소하는데 정책의 최우선 순위를 두어야 할 것이다.

장기적으로는 금융산업의 구조조정의 시행, 제조업 및 수출산업 육성을 통한 경상수지 균형 달성, 기업과 국민의 합리적 투자 및 소비행태 유도 정책이 시행되어야 한다.

이런 정책을 통하여 하루 속히 위기를 넘기고 그후에는 저금리 유도 정책을 펴야 핫 머니 유출입을 통한 금융시장 대란을 예방할 수 있다. 아니면 과감한 규제개혁을 통해 해외산업자본을 유치할 수도 있다.

만약 가까스로 위기를 넘긴 뒤에도 계속해서 지속적인 고금리 정책을 취한다면, 결국 또 다시 환율은 왜곡될 것이다. 경상수지 적자, 핫 머니 유출, 또 다시 외환위기, 금융위기를 맞이하게 될 위험이 도사리고 있기 때문이다. 무엇보다도 금리를 국제금리 수준으로 하향 안정화 시켜야 한다.

정부는 그러한 노력을 끊임없이 하는 동안 국민들은 무엇을 어떻게 해야 하나. 오늘의 파탄상태는 단지 정부의 책임만이 아닌 공존의 틀을 무시하고 자신의 욕망만 채우는데 몰두한 국민들의 비합리적 소비 행위, 투자 행위에도 큰 원인이 있다.

우리 모두 남을 먼저 욕하지 말고 나 자신의 책임을 생각하고 나 자신의 잘못된 부분부터 고쳐야 할 것이다. 무원칙적인 탐욕을 버리고, 합리적 경제 행위의 주체가 되자! 그래야만 내가 살고 내 이웃이 산다.

IMF시대, 어떻게 살것인가

    IMF관리 체제는 97년 겨울과 함께 우리 곁에 엄동설한보다도 더 우리의 마음을 꽁꽁 얼게 하는 한파로 다가왔다. 성탄과 연말을 맞아 고아원이나 양로원 등 사회복지 시설 또한 예전과는 달리 썰렁했다고 한다.
    예년같으면 재벌들이 연례 행사로 방송국이나 신문사에 기탁하던 수억 원대 수천 만 원대의 기탁금 소식마저 들리지도 보이지도 않는다.
    이제 두, 세달 지나면 겨울은 가고 봄이 오겠지만 봄이 온다고 우리의 얼어붙은 마음이 따뜻해질까? 오히려 더 추워지는 것은 아닌가?
    현재의 외환금융 부문의 위기는 따뜻한 봄이 오는 것과 동시에 실물 부문에 파급 효과가 가시화 될 것이다. 정리 해고, 산업구조 조정으로 말미암은 기업의 자진폐업, 파산 부도 등 생각만 해도 끔찍한 일들이 우리들의 눈앞에 펼쳐질 것이며 상황이 이 지경에 이른 이상 그것은 피할 수 없는 현실로 다가올 것이다.

중소기업, 대기업 할것없이 기업을 경영하는 경영자나, 관리자, 근로자 모두 불안과 초조함으로 하루하루를 살아갈 것이다. 이런 현실 속에서 어떻게 살아야만 현명한 길일 것인가.

그나마 부도를 모면한 기업은 기업의 재무구조 개선에 힘써야 할 것이다. 불필요한 비업무용 자산을 매각하고, 부채를 정리해야만 고금리 상태에서 금융비용을 줄이고 살아남을 수 있는 길이다. 또한 불필요한 임원이나, 직원 수를 줄여나가는 것도 인건비를 절감할 수 있는 길이 될 것이다.

해고를 모면한 직장인들은 고도의 내핍 생활에 들어가야만 할 것이다. 이런 상태에서 임금 인상은 기대할 수 없으며 반대로 물가는 치솟는다. 그러면 답은 뻔하지 않은가. 소비행위를 합리화하고 절약과 저축을 생활화하지 않으면 안될 것이다.

앞의 두 부류의 사람들, 부도를 모면한 기업인이나 해고를 모면한 직장인들은 그나마 다행이다. 어느날 갑자기 부도를 내고 빚더미에 깔린 기업인이나, 해고 등으로 인해 실직자가 된 근로자는 어떻게 되겠는가. 그들은 고통속에서 하루하루를 보내게 될 것이다.

몇군데 친구들에게 전화를 걸어보면, 모두들 해고당하지

는 않나 하며 불안과 초조에 휩싸여 살고 있다. 어떻게 해 줄 말이 없어 곤혹스럽다. 최대한 실직자가 되지 않도록 스스로 노력해야 하지만, 결국 누구가 됐든 간에 상당수는 직장을 잃고 실직자 신세가 될 것이다.

그렇지만 비관만 하고 있을 때는 아니다. 실직했다고 인생을 포기할 수는 없으며 무언가 새로운 일을 찾아야 할 것이 아닌가. 앞은 보이지 않고, 생계는 막연하고, 마땅히 할 일은 없고 참으로 답답한 나날들이 계속될 것이다.

그럴수록 마음을 차분히 가라앉히고 대처하는 것이 옳지 않을까. 급할수록 돌아가라는 말처럼 위급한 상황일수록 침착하고 냉정하게 대처해야 한다. 문제는 우리 사회가 지나치게 분업화, 전문화되어 실직했을 경우 유사한 일자리를 찾기 쉽지가 않다는 점이다. 필자의 경우도 한때 좌절감속에서 옛날에 하던 일이나 해볼까 하고 일자리를 찾아보았으나 내가 가진 기술을 쓸만한 자리를 찾을 수가 없었다.

따라서 어차피 유사 직종을 찾기 힘든 직업같으면, 차라리 이번 기회에 전망있는 분야로 직업을 바꾸어 버리는 편이 바람직하지 않은가 한다. 그것은 오히려 오늘의 위기를 전화위복의 계기로 삼을 수도 있으니까 말이다.

그러나 새로운 일을 시작한다는 것은 항상 위험이 따른다. 그러므로 새로운 일을 시작할 때는 반드시 철저한 사전 조사를 하고, 목표를 분명히 정해놓고 흔들림 없이 밀고 나가 시행착오를 최소화해야 한다. 나와 같은 5전 6기의 인생이 되지 않기를 간절히 바란다.

끝맺는 말

　1998년 새해가 밝아 왔다.
　해돋이를 구경하기 위해 그 옛날 자주 찾던 해운대 달맞이길을 다시 찾았다. 궂은 날씨에 태양은 구름에 가려 보이질 않았다. 98년 새해는 IMF 관리시대를 반영하듯이 먹구름 속에서 시작되었다. 그러나 먹구름이 우리의 시야를 가리고 있어도, 태양은 떠오르고 날은 밝아온다. 아무리 거센 파도가 밀려와도 구름 저편에는 태양이 떠오르듯이 시련의 한 켠에는 희망의 세계가 펼쳐진다.

　새로운 아침은 새로운 출발을 요구한다. 국제화 시대에 오대양 육대주가 나를 부른다. 어릴 적 지도상으로만 보아 왔던 저 넓은 세상에 나아가 끊임없이, 언제나, 새롭게 도전하는 사람이 되리라. 이 좁은 땅위에서 한 그릇의 밥을 독차지 하기 위해 형제, 이웃과 싸우기 보다는 저 넓은 바깥 세상에 나아가 가족과 이웃을 위해 두 그릇의 밥을 구해오는 사람이 되리라.

그런 역할을 하고 싶어 외교관과 통상 관료라는 꿈을 키워 왔고, 이제 그 출발선에 서 있다. 포부가 단순한 꿈이 아닌 구체적 성과로 열매맺기 위해서 나는 변해야 한다. 기본적인 가치관과 꿈을 제외한 그 모든 면에서 나는 끊임없는 자기 혁신으로 새롭고, 좀 더 큰 나로 거듭나야 한다.

넓은 바다처럼 열린 가슴으로 모든 것을 포용할 수 있는 나, 파도에 씻겨진 조약돌처럼 모나지 않은 원만한 나, 수천만 년 파도에 시달려도 언제나 변함없이 서 있는 바위처럼 굳센 의지와 소신을 지키는 내가 되기 위하여 옹졸함과 성급함을 버려야 한다.

어느 부서에서 구체적으로 어떤 일을 하게 될지는 모르지만 관심과 흥미를 기준으로 한다면 국제금융 분야에서 일하고 싶고, 내 직장 경력을 감안한다면 기계공업이나 조선 등 중공업에 관련된 국제 분야에서 일하고 싶다.

꼭 그런 부서가 아니어도 관계없다. 어차피 하는 일의 성격은 국제 업무라는 성격을 가지게 될 것이므로 그런 일이라면 어떤 일이든 하고 싶다.

국제통상관련 예비 공직자로서 하는 일없이 국록만 축내는 功無員이 되지는 않을 것이다. 언제나 지식과 지혜를 연마하고, 항상 열린 마음으로 타인의 의견을 존중할 줄 알고,

균형잡힌 사고로 올바른 판단과 결정을 내리는 진정한 국익에 봉사하는 公務員이 되기 위해 항상 최선을 다할 것이다.

앞으로의 나의 인생에 어떤 장애물이 도사리고 있을지 모른다. 아무리 험한 시련이 닥쳐올지라도 오로지 앞을 향해 험한 파도, 높은 산을 넘어 먼 훗날 인생을 정리하는 시점에서 진정한 성공과 인생에 관한 또 한 권의 책을 내 자식의 손에 쥐어 주는, 그런 삶을 살리라.

> 저자와의
> 협의에 따라
> 인지 생략

공부, 혼자서도 할 수 있었다

초판1쇄 인쇄 // 1998년 2월 17일
초판8쇄 발행 // 2000년 10월 30일

지은이 // 김종영
펴낸이 // 박대용
펴낸곳 // 도서출판 등불
표지디자인 // 디오니소스
본문편집 // 삼우인쇄(대표 이기현) T.272-3736

인쇄 // 계성인쇄(대표 최성근) T.704-7014
제본 // 민중문화사(대표 안길웅) T.336-4894
출판등록 // 1994년 4월 19일(제10-969호)

주소 // 121-220 서울시 마포구 합정동 426-1 (301호)
전화 02)3143-1966 // 팩시밀리 02)3143-2757
ISBN 89-8028-061-0 03810

◆ 잘못 만들어진 책은 교환해 드립니다

이 책은 김 종영과 도서출판 등불의 저작권 계약에 따라 출판된 것입니다.
도서출판 등불은 이 책에 대한 독점적인 권리를 갖고 있습니다.
누구든지 동의 없이는, 전체로나 부분으로나 어떤 방법으로도 사용할 수 없습니다.